网才股份
NetTalent Inc.

全国事业单位招聘网
——事招雷达新媒体矩阵——

事业启航

事业单位招聘
考 试 指 南

网才科技(广州)集团股份有限公司 编著

中国发展出版社
CHINA DEVELOPMENT PRESS

图书在版编目（CIP）数据

事业启航：事业单位招聘考试指南 / 网才科技（广州）集团股份有限公司编著. -- 北京：中国发展出版社，2025. 3. -- ISBN 978-7-5177-1433-0

Ⅰ. D630.3

中国国家版本馆CIP数据核字第2024MX9319号

书　　　名：事业启航：事业单位招聘考试指南
著作责任者：网才科技（广州）集团股份有限公司
责 任 编 辑：杜　君
出 版 发 行：中国发展出版社
联 系 地 址：北京经济技术开发区荣华中路22号亦城财富中心1号楼8层（100176）
标 准 书 号：ISBN 978-7-5177-1433-0
经 销 者：各地新华书店
印 刷 者：北京瑞禾彩色印刷有限公司
开　　　本：710mm×1000mm 1/16
印　　　张：17
字　　　数：244千字
版　　　次：2025 年 3 月第 1 版
印　　　次：2025 年 3 月第 1 次印刷
定　　　价：98.00元

联 系 电 话：（010）68990625　68990642
购 书 热 线：（010）68990682　68990686
网 络 订 购：http://zgfzcbs.tmall.com
网 购 电 话：（010）88333349　68990639
本 社 网 址：http://www.develpress.com
电 子 邮 件：121410231@qq.com

《事业启航：事业单位招聘考试指南》
编委会

前　言

在新时代的奋进征程中，我国事业单位改革不断深化，为广大求职者提供了广阔的发展空间。与此同时，事业单位招聘考试也日益成为众多求职者关注的焦点。为了帮助广大应聘人员更好地备战事业单位招聘考试，我们精心编写了这本《事业启航：事业单位招聘考试指南》。在此，我们诚挚地期望，这本书能成为参加事业单位招聘考试的考生（应聘人员）备考路上的良师益友。

本书的编写团队由多位对事业单位考试有着深入研究的专家组成。我们深知考生（应聘人员）在备考过程中面临的困惑和挑战，因此，本书旨在为广大考生（应聘人员）提供一套全面、系统、高效的备考方案。从考试大纲到命题规律，从知识点梳理到解题技巧，我们力求让每一位考生（应聘人员）都能在这本书中找到适合自己的备考策略和方法。

本书具有以下四大亮点。

一是紧跟政策，贴近实战。本书紧密结合我国事业单位招聘考试的最新政策，对考试内容进行了全面梳理。我们关注时事热点，紧跟政策动态，确保考生（应聘人员）在备考过程中能够把握时代脉搏，提高实战能力。同时，书中精选了真题及模拟题，旨在帮助考生（应聘人员）熟悉考试题型，掌握解题技巧。

二是系统全面，重点突出。本书分为认知篇、考核篇、数据篇、攻略篇四个部分，由浅入深地分析了事业单位招聘考试的方方面面，涵盖了事业单位招聘考试的绝大多数内容。在编写过程中，我们注重知识的系统性和连贯性，同时突出重点、难点，帮助考生（应聘人员）有的放矢地进行备考。

三是方法实用，易于掌握。本书针对不同题型，提供了具有示范性质的解题方法和技巧。我们力求用通俗易懂的语言阐述复杂问题，让考生（应聘人员）在短时间内了解命题规律，掌握解题要领。

四是贴心服务，助力备考。考生（应聘人员）在备考过程中遇到任何问题，都可以扫描封底的二维码与我们联系，我们将在力所能及的范围内竭诚提供帮助。

亲爱的读者，当你翻开这本书的时候，意味着你已经迈出了备考事业单位的坚实一步。我们深知，备考之路充满艰辛，但请相信，只要坚定信念，一步一个脚印，你一定能在这场竞争中脱颖而出！

在此，我们衷心希望这本书能成为你备考事业编征程中的指路明灯，帮助你克服重重困难，实现自己的人生目标。同时，我们也期待你在使用本书过程中能提出宝贵的意见和建议，以便我们不断完善本书，为更多的后来者在事业单位备考中提供帮助。

祝愿每一位考生（应聘人员）都能在这场考试中取得优异成绩，顺利进入心仪的工作单位，为实现中华民族伟大复兴的中国梦，贡献自己的力量！

目　录

第一篇　认知篇
报考事业单位前，必须知道的那些事

第二篇　考核篇
读懂事业单位招聘考试

第三篇　数据篇
从百万考生中分析出的有趣规律

第四篇　攻略篇
此刻，一步一个脚印走上岸

第一篇 认知篇

报考事业单位前，必须知道的那些事

第一章
如何知道自己该报考什么单位

　　许多人将入职事业单位①作为职业发展的重要选择。但"逢进必考"，要想进入事业单位，就必须先了解报考事业单位过程中的关键信息，并掌握必备知识。

　　本章旨在为有志于加入事业单位的考生（应聘人员）②提供一个了解事业单位概况的实用指南。我们将从事业单位的基本概念入手，逐步深入探讨事业单位的岗位及工作内容、职级与发展路径、事业单位改革等方面的内容。

　　本章内容将助你迈出报考事业单位的第一步。它将帮你打下知识基础，为接下来的备考建立良好开端。不论你是刚毕业的学生还是寻求职业转型的社会人士，通过阅读本章，你都将收获一定的启发。

---

① 原国家人事部发布实施的《事业单位公开招聘人员暂行规定》（人事部令第6号）第二条规定：事业单位新进人员除国家政策性安置、按干部人事管理权限由上级任命及涉密岗位等确需使用其他方法选拔任用人员外，都要实行公开招聘；第五条规定：公开招聘由用人单位根据招聘岗位的任职条件及要求，采取考试、考核的方法进行。本书主要介绍事业单位公开招聘考试。

② 注：参加事业单位招聘考试的人员既可称之为考生也可称之为应聘人员，为更好地适用不同语境，本书会在不同场合使用不同的称呼。

第一节　不再盲人摸象，准确认识事业单位

提起事业单位，人们通常会认为它和政府行政部门一样，都是"体制内"的、由政府管理的，可能还会联想到公立学校、公立医院等组织。事实上，事业单位不同于政府行政部门，它在经济社会发展中起着独特作用。对于立志进入事业单位工作的考生来说，全面准确地认识、了解事业单位，对选择报考单位、做好实际工作、规划职业生涯等都具有重要意义。

希望本节内容能帮助考生对事业单位形成一个整体性认识。为此，建议考生在阅读本节内容时思考以下几个问题：什么是事业单位？事业单位与个人、社会、国家有什么关系？为什么要选择进入事业单位工作？

一、知其然、知其所以然，全面了解事业单位

根据《事业单位登记管理暂行条例实施细则》（中央编办发〔2014〕4号）的规定，事业单位是指国家为了社会公益目的，由国家机关举办或者其他组织利用国有资产举办的，从事教育、科研、文化、卫生、体育、新闻出版、广播电视、社会福利、救助减灾、统计调查、技术推广与实验、公用设施管理、物资仓储、监测、勘探与勘察、测绘、检验检测与鉴定、法律服务、资源管理事务、质量技术监督事务、经济监督事务、知识产权事务、公证与认证、信息与咨询、人才交流、就业服务、机关后勤服务等活动的社会服务组织。

可以看出，国有性、公益性和服务性是事业单位的重要特征。

"国有性"是指事业单位是由国家机关举办或者利用国有资产举办的，这点很好理解；"公益性"是指其职责主要在于为公众提供具有公益属性的服务。

服务性是事业单位的基本特征之一。《中共中央　国务院关于分类推进事业单位改革的指导意见》（中发〔2011〕5号）指出，事业单位是经济社会

发展中提供公益服务的主要载体，是我国社会主义现代化建设的重要力量。我们该如何理解这一点呢？

在社会层面，事业单位提供了广覆盖、多层次的社会公共服务，有助于国家发展、人民幸福。一方面，我国政府职能①的履行离不开事业单位。比如，公立中小学可以提供义务教育，各级公立医院可以提供公共医疗服务，测绘、勘察机构可以提供环境信息，统计调查组织可以为社会管理活动提供数据支撑。另一方面，事业单位能够提供不宜完全由市场供给的服务，这些服务表面上可能没有直接的经济效益，但能够促进社会整体发展，切实增强群众获得感、幸福感、安全感。比如，义务教育能够提升人口素质，社会福利组织能够帮助弱势群体改善生活条件，官方媒体能够加强政府与普通群众之间的沟通，各方面的发展又会促进事业单位的发展，从而使整个社会进入良性循环。

在个人层面，事业单位提供了诸多必要、便利的服务。大家可以思考一个问题：如果所有的事业单位消失，我们的生活会变成什么样？短时间看，学生将只能进入学费高昂的私立学校学习，贫穷地区的孩子将难以通过学习改变命运；长时间看，社会整体素质会下降，国家的基础研究将陷入停滞……一些大家平时不太了解但关键时候能帮上大忙的事业单位的消失也会增加人们办理各种事务、获取各种资讯的难度。

可见，不管是从社会层面还是从个人层面来看，事业单位都发挥着不可替代的作用。因此，每一个立志进入事业单位工作的考生都应该意识到，自己将要从事的不仅是一份工作，更是在为国家、为人民服务。

---

① 党的十八届三中全会通过的《中共中央关于全面深化改革若干重大问题的决定》明确，我国政府职能包括"加强各类公共服务提供。加强中央政府宏观调控职责和能力，加强地方政府公共服务、市场监管、社会管理、环境保护等职责"。

二、不同的事业单位有不同的使命

通过阅读之前的内容，想必考生已经对事业单位的社会公益性质有了一定的了解。那么，事业单位会提供哪些社会公共服务？又如何提供广覆盖、多层次的公益服务？

为了回答这些问题，接下来我们将从国家和个人两个层面对事业单位进行分类介绍，前者是为了让考生从宏观层面了解事业单位是以何种形式提供社会公益服务的，又是如何确保其提供广覆盖、多层次的公益服务的；后者则可以让考生从更贴近个人生活的角度理解事业单位提供了哪些公益服务，以及各行业主要有哪些事业单位。

了解不同单位在整个事业单位体系中所处的位置、负有的职责、能提供的服务种类，可帮助想要报考事业单位的考生结合个人兴趣、专业、能力等选择更适合自己的单位及岗位。

（一）从国家层面分析——按社会功能划分的事业单位类别

《中共中央　国务院关于分类推进事业单位改革的指导意见》将事业单位划分为承担行政职能、从事生产经营活动和从事公益服务三个类别。对承担行政职能的事业单位，逐步将其行政职能划归行政机构或将其转为行政机构；对从事生产经营活动的事业单位，逐步将其转为企业；对从事公益服务的事业单位，继续将其保留在事业单位序列并强化其公益属性。

下面将重点介绍从事公益服务的事业单位。

根据职责任务、服务对象和资源配置方式等情况，从事公益服务的事业单位主要分为公益一类事业单位（简称公益一类）和公益二类事业单位（简称公益二类）。

公益一类是指提供义务教育、基础性科研、公共文化、公共卫生及基层的基本医疗服务等基本公益服务，不能或不宜由市场配置资源的单位，比如公立的中小学、公共博物馆等。

公益二类是指提供高等教育、非营利医疗等公益服务，可部分由市场配置资源的单位，比如本科院校、部分殡葬中心等。

总的来说，公益一类事业单位的工作重点在于提供广覆盖的基本公益服务，而公益二类事业单位的工作重点在于提供多层次的公益服务。因此，这两类事业单位在国家财政补贴力度、福利待遇、工作稳定性、社会声望等方面都存在差异，应聘人员在报考时应当有意识地收集招聘单位的相关信息。

小贴士：如何知道一个事业单位属于公益一类还是公益二类呢？

这里有几种方式可供大家参考。

（1）浏览招聘公告或招聘单位官网。招聘公告的第一段通常会简要介绍招聘单位的相关情况，部分事业单位会直接写明单位类别，有"公益一类""公益二类"等类似表述，招聘单位官网的单位介绍板块也可能有类似说明。但梳理招聘公告可以发现，部分事业单位并不会写明这类信息，因此需要掌握其他信息获取手段。

（2）联系用人单位的招考负责人。事业单位改革都是根据各地实际情况进行的，所以不同地区职能类似的事业单位性质也可能不同，直接联系单位了解情况最高效且准确。招聘公告的结尾通常会列明招聘单位的联系方式，考生可以直接通过打电话、发邮件等方式询问所关心的事项。

（3）通过查询事业单位登记信息进行推断。有时应聘人员只是想了解单位的大致情况，此时自行查找相关信息进行推断，就可以节约时间成本。通过搜索引擎或者社交平台直接获取相关信息固然便捷，但是权威性和准确性都难以得到保证，故查询事业单位登记信息是更好的选择。

《事业单位登记管理暂行条例实施细则》规定，事业单位设立、变更、注销，应当向事业单位登记管理机关申请登记或者备案。所以，我们找到事业单位登记管理机关的官方网站就能查到事业单位的登记信息，包括单位的宗旨和服务内容、经费来源、举办单位等。

在事业单位经费来源中，部分单位会直接写明单位性质，有"财政补助二类""财政全额拨款"等表述；对于没有写明的，我们只能从理论上进行推断——因为公益一类事业单位提供的服务"不能或不宜由市场配置资源"，而公益二类事业单位提供的服务"可部分由市场配置资源"，因此前者经费来源为"全额拨款"而后者可能为"差额拨款"。若经费来源为全额拨款，可以推测该单位大概率属公益一类。

此外，通过分析事业单位的业务范围也可以大致判断该事业单位提供的服务是否属于"基本公益服务"，是否有行政职能。通过登录事业单位登记管理机关网站可以查询到该事业单位的登记信息。

那么，如何查找事业单位的登记信息呢？登录"机关赋码和事业单位登记管理平台"，点击页面左侧的"事业单位法人登记信息查询"，输入统一社会信用代码或事业单位名称即可查询全国已登记的事业单位法人信息。在登记信息中，可以了解该事业单位的基本信息和年度报告。

（二）从个人层面分析——按职能领域划分的事业单位类别

在统计、计划、财政、税收、工商等国家宏观管理中，对经济活动的分类适用《国民经济行业分类》（GB/T 4754—2017）标准，其采用经济活动的同质性原则划分国民经济行业，包括 20 个门类。

因目前没有专门针对事业单位的行业分类，所以下面将参考《国民经济行业分类》标准介绍教育，卫生和社会工作，公共管理、社会保障和社会组织，水利、环境和公共设施管理这几个行业的事业单位。

1. 教育

教育行业包括学前教育、初等教育、中等教育、高等教育、特殊教育、技能培训、教育辅助及其他教育（见表 1-1）。

表1-1　教育行业分类

中类	小类
学前教育	
初等教育	普通小学教育、成人小学教育
中等教育	普通初中教育、职业初中教育、成人初中教育、普通高中教育、成人高中教育、中等职业学校教育
高等教育	普通高等教育、成人高等教育
特殊教育	
技能培训、教育辅助及其他教育	职业技能培训、体校及体育培训、文化艺术培训、教育辅助服务、其他未列明教育

资料来源：作者根据《国民经济行业分类》标准整理。除另有说明外，本书图表及小贴士等资料来源均为作者根据相关权威网络资料整理。

教育行业的事业单位也就是提供这些教育服务的公立组织，可以简单概括为"各级公立学校及培训机构"。需要注意的是，教育行业的事业单位并不只是普通群众理解的一般意义上的幼儿园、小学、初中、高中、大学，还包括提供特殊教育、成人教育、职业教育的相关学校和提供体育培训、艺术培训的机构。因此，考生在报考时，可以多了解不同类型的学校和教育机构，会有更大的选择空间。

2.卫生和社会工作

卫生行业设立的事业单位包括医院、基层医疗卫生服务机构、专业公共卫生服务机构、其他卫生服务机构；社会工作行业设立的事业单位包括提供住宿的社会工作服务机构和不提供住宿的社会工作服务机构①（见表1-2）。

---

① 这里"提供住宿""不提供住宿"是指单位是否为服务对象提供住宿。

表1-2　卫生和社会工作行业设立的事业单位分类

	中类	小类
卫生	医院	综合医院、中医医院、中西医结合医院、民族医院、专科医院、疗养院等
	基层医疗卫生服务机构	社区卫生服务中心（站）、街道卫生院、乡镇卫生院、村卫生室、门诊部（所）
	专业公共卫生服务机构	疾病预防控制中心、专科疾病防治院（所、站）、妇幼保健院（所、站）、急救中心（站）、采供血机构、计划生育技术服务机构
	其他卫生服务机构	健康体检服务机构、临床检验服务机构、其他未列明的卫生服务机构
社会工作	提供住宿的社会工作服务机构	干部休养所、护理机构、精神康复服务机构、老年人和残疾人养护服务机构、临终关怀服务机构、孤残儿童收养和庇护服务机构、其他提供住宿的社会救助机构
	不提供住宿的社会工作服务机构	社会看护与帮助服务机构、康复辅具适配服务机构、其他不提供住宿的社会工作服务机构

从表1-2可以看出，卫生行业设立的事业单位并不只有医院，还包括基层医疗卫生服务机构和专业公共卫生服务机构等。这些医疗机构数量众多，建议考生在报考时不要只关注公立医院，而忽略这些医疗机构。

社会工作行业的主要职责是帮助一些弱势、特殊群体，相对小众，普通群众在生活中可能很少接触到相关机构。建议有意愿进入社会工作行业事业单位的考生多了解一些相对小众的社会工作机构，或许能找到更多适合自己的单位。

3. 公共管理、社会保障和社会组织

该行业设立的事业单位数量较多，占比也较高。根据第四次全国经济普查公报，2018年末，全国共有公共管理、社会保障和社会组织法人单位159.7万个，比2013年末增长5.1%，从业人员达到2508.7万人。

4. 水利、环境和公共设施管理

该行业大类包括水利管理业、生态保护和环境治理业、公共设施管理业和土地管理业（见表1-3）。该行业大类中的事业单位主要集中在公共设施管理业，有志于此的考生可以借助表1-3中的关键词以搜索相应的事业单位。

表1-3　水利、环境和公共设施管理行业分类

大类	中类	
水利管理业	防洪除涝设施管理、水资源管理、天然水收集与分配、水文服务、其他水利管理业	
生态保护和环境治理业	生态保护	（小类）自然生态系统保护管理、自然遗迹保护管理、野生动物保护、野生植物保护、动物园、水族馆管理服务、植物园管理服务、其他自然保护
	环境治理业	（小类）水污染治理、大气污染治理、固体废物治理、危险废物治理、放射性废物治理、土壤污染治理与修复服务、噪声与振动控制服务、其他污染治理
公共设施管理业	市政设施管理、环境卫生管理、城乡市容管理、绿化管理、城市公园管理、游览景区管理	
土地管理业	土地整治服务、土地调查评估服务、土地登记服务、土地登记代理服务、其他土地管理服务	

第二节　选择适合的方向，从弄懂岗位及工作内容开始

对于想要报考事业单位的考生来说，不仅需要选择适合自己的行业，还需要考虑具体的工作岗位。相信很多考生都会关心这样的问题：事业单位有哪些岗位？与自己专业相关的岗位又有哪些？本节梳理了部分事业单位的相关岗位，希望帮助考生对选岗有初步的了解和认知。

一、你知道事业单位的岗位分类吗？

前文中，我们提到了事业单位的分类，你知道事业单位的岗位如何分类吗？根据 2006 年人事部① 印发的《事业单位岗位设置管理试行办法》（国人部发〔2006〕70 号），事业单位岗位分为管理岗位、专业技术岗位（简称专技岗）和工勤技能岗位三类。那么管理岗位、专业技术岗位、工勤技能岗位有什么区别呢？下面我们就来了解一下这三类岗位的职责。

管理岗位是指担负领导职责或管理任务的工作岗位。管理岗位的设置要适应增强单位运转效能、提高工作效率、提升管理水平的需要。

专业技术岗位是指从事专业技术工作，具有相应专业技术水平和能力要求的工作岗位。专业技术岗位的设置要符合专业技术工作的规律和特点，适应社会公益事业发展与专业水平提高的需要。

工勤技能岗位是指承担技能操作和维护、后勤保障、服务等职责的工作岗位。工勤技能岗位的设置要适应提高操作维护技能、提升服务水平的要求，满足单位业务工作的实际需要。

从这三类岗位的职责中我们可以看出，岗位之间工作内容的区别是很大的。常见的事业单位招聘岗位如表 1-4 所示。从表 1-4 中可以看出，管理岗位工作偏向负责单位的事务管理，比如表中提到的文字综合岗，从事的是文

---

① 人事部为国务院原组成部门，成立于 1988 年 4 月。2008 年 3 月，人事部与劳动和社会保障部合并，组建了人力资源社会保障部。为保障阅读体验，文中 2008 年 3 月前提及的人事部仍用原名，前不加"原"字。——编者注

表1-4 常见的事业单位招聘岗位（示例）

招聘单位	岗位名称	岗位类别	岗位简介	招聘人数	招聘条件				
					学历	学位	专业	工作经历	其他条件
省科学技术馆	展品研发	专业技术岗位	参与展品方案和程序设计、制作检查、测试、验收和维护；参与展览方案设计和落实	1	研究生	硕士及以上	计算机科学与技术类、机械工程类、电子工程类、控制理论与控制工程类、环境科学与工程类	两年及以上相关工作经历	
省水利事务服务中心	党政群工作部（文字综合）	管理岗位	从事各类水利报告、水利相关文件、会议材料起草等文字综合工作	1	研究生	硕士及以上	研究生：水力学及河流动力学，水工结构工程，水利水电工程，港口、海岸及近海工程，水利工程，工程硕士（水利工程）		应届毕业生
省农业发展服务中心	预警分析科科员	专业技术岗位	开展全省主要农产品市场运行形势研判，组织完成全省主要农产品全产业链打造	1	研究生	硕士及以上	农林经济管理学、统计学、经济统计学		应届毕业生
广播电视集团（台）	播音员主持人	专业技术岗位	从事广播电视播音员和主持人工作	3	本科及以上	学士及以上	本科：播音与主持艺术、广播电视编导、音乐表演、汉语言文学等相关专业 研究生：新闻学、传播学、语言学及应用语言学等相关专业		具有普通话水平测试一级甲等证书；应届毕业生
省建设事业指导服务中心	财务会计	专业技术岗位	负责财务管理工作	1	本科及以上	学士及以上	会计（学）	两年及以上会计工作经历	取得会计专业技术初级资格及以上

字综合、政务管理相关工作；专业技术岗位主要聘用具有专业技能的人员，比如教师、会计；工勤技能岗位工作偏向于操作性，比如聘用电工解决电力问题等。

二、为什么要对岗位进行分类？

随着经济的发展和社会的进步，为了更好地促进社会公益事业的发展，事业单位也要进行相应的人事制度改革，由身份管理向岗位管理转变，调动事业单位各类工作人员的积极性。

为什么身份管理要向岗位管理转变？在统一的干部人事制度下，事业单位的管理人员和专业技术人员都被称为国家干部。对这一干部系统内各种工作性质和特点不同的人员，都实行党政机关统一的管理办法。这种做法不便于对工作性质、素质要求和成长规律各不相同的各类人员进行管理，不利于不同类型、不同性质的事业单位体现各自的特点。而实行岗位管理更能明晰事业单位各类岗位工作人员的职责、权限、工资标准等，更有利于规范事业单位的人事管理。

事业单位岗位设置管理不仅包含岗位类别，还包括岗位等级、岗位结构比例及等级确定、岗位聘用等，关于岗位等级的内容我们会在本章第三节进行介绍。

三、选择岗位时要"知己""知彼"

考生在报考事业单位的时候，也会想知道与自己专业相关的领域有哪些单位或者岗位可以报考。为了让考生对于管理岗位、专业技术岗位和工勤技能岗位涉及的具体工作岗位有更直观的了解，这部分列举了一些岗位以供参考（见表1-5、表1-6）。

表1-5 部分管理岗位与工勤技能岗位

类别	岗位
管理岗位	文字综合岗、党政群工作部综合文秘岗、行政专员岗、公共事务管理岗、党建管理岗（因为事业单位的职能各有不同，所以还有一些和单位职能有关的管理岗位）
工勤技能岗位	服务类：行政事务岗、烹饪岗、收银审核岗
	机电类：电工岗、机械加工岗、制冷岗、水暖岗、计算机信息处理岗
	住建类：白蚁防治岗
	交通类：汽车驾驶与管理岗、航闸技术岗、航标工程岗、公路养护岗
	水利类：闸门运行岗、泵站运行岗、防汛抢险岗
	农业类：花卉园艺岗、农艺岗、水产养殖岗、农机技术岗
	文体类：文物修复工岗、舞台技术岗、体育场地工岗
	军工电子类：电子机械加工岗、电子设备制造岗、动力运维岗、器件工艺岗
	民政类：殡葬服务岗
	测绘类：测绘员岗

表1-6 部分专业技术岗位

类型	单位	岗位举例
教育事业单位	中小学、中等职业学校、普通高中、幼儿园、高等学校	教师岗位指具有教育教学工作职责和相应教师资格与教育教学能力水平要求的专业技术岗位，学校中除了教师岗还有一些其他专业技术岗位，包括卫生保健岗、编辑出版岗等
卫生事业单位	疾病预防控制中心、药品职业化检查员总队、药品审评中心、医院、卫生院、急救中心、血站、妇幼保健所、社区卫生服务中心、康复中心、卫生健康监督中心	卫生事业单位专业技术岗位的设置，以医（麻醉科医师、外科医师、儿科医师）、药（药师）、护（护士）、技（介入科技师、检验技师）等卫生专业技术岗位为主体。除此之外，还有一些医疗器械检查岗、审评岗、培训岗，从事卫生应急、卫生监测、卫生监督执法等工作的岗位

续表

类型	单位	岗位举例
文化事业单位	图书馆、博物馆（院）、文化馆（站、中心）、群众艺术馆、美术馆、展览馆、纪念馆等	图书馆：阅读推广岗、图书编目岗、数字图书馆建设岗、参考咨询岗、图书馆教辅岗位（大学图书馆）、图书馆员岗、古籍数字化岗、古籍保护岗、古籍修复岗
		博物馆：陈列研究岗、艺术设计岗、文物管理与保护岗、展览策划岗、讲解员岗（中文、外语）、党史研究岗、考古发掘和研究岗、社会教育岗（策划实施教育活动，承担部分讲解工作）、文创设计开发岗（馆藏文物开发设计）
		美术馆：展陈设计岗、展览策划岗、中国画项目管理岗、油画项目管理岗、雕塑岗、书法项目管理岗、版画项目管理岗（从事展陈事务、公共教育、典藏研究等工作）、讲解员岗、负责馆藏品总账管理岗、从事文创衍生品开发推广岗
		群众艺术馆：舞台灯光岗、舞台音响岗、戏剧创作编导岗、理论调研岗
体育事业单位	乒乓球羽毛球运动管理中心、武术运动管理中心、游泳跳水运动管理中心、体操举重柔道运动管理中心、体育服务中心	教练员岗、体育运动指导岗
科学研究事业单位	科学技术研究院、科学事业发展研究中心（常见的有科技局或科学技术厅下属事业单位）	科研岗
农业事业单位	农业技术推广中心、乡村产业发展中心、农业科学技术服务站、农产品质量安全监督检测中心、农业服务中心、畜牧兽医服务中心、种子管理站、动物疫病预防控制中心、绿色食品发展中心	农林水技术推广岗、动物防疫岗、林业技术推广岗、农业技术推广岗、农机工程岗、园林园艺岗、畜牧兽医岗、农产品检测技术员岗、数字三农建设岗
公路交通事业单位	港口发展中心、引航站、航道管理站、港务站、交通运输综合保障服务中心、交通工程造价站、交通建设质量安全中心、交通运输信息中心、公路事业发展中心、道路运输事业发展中心、铁路与航空事业发展中心	港口安全专业技术岗、港口建设专业技术岗、引航员专业技术岗、港政专业技术岗、公路执法保障专业技术岗、工程质量安全监督专业技术岗、造价审查专业技术岗、数据发展规划岗、工程技术岗、货运管理岗、智慧交通建设管理岗、路网运行管理岗、公路工程质量监管岗、工程技术员岗

续表

类型	单位	岗位举例
水利事业单位	堤闸管理处、供水管理事务中心、水利管理事务中心、供排水管理处、水利工程管理处、河道管理处、水文情报预报中心	水利工程安全生产管理岗、工程设施管理岗（从事水利工程设施运行管理等工作）、工程建设管理岗、河湖管理岗、水闸管理岗、水文情报预报岗、水文测验岗
其他	外事翻译中心、体育竞赛管理中心、涉外事务中心	英语翻译岗
	广泛分布于各类事业单位	财务岗

　　事业单位中设立的专业技术岗位较多，所占比例较大。尤其是那些主要以专业技术提供社会公益服务的事业单位，专业技术岗位比例一般不低于单位岗位总量的 70%。

✎　小贴士：如何知道自己所学的专业可报考哪些单位和岗位？

　　（1）广泛撒"网"。关注各类事业单位招聘信息，比如当地人社部门的网站、全国事业单位招聘网（https：//www.qgsydw.com）以及各类事业单位公众号等。考生可以在招聘信息中筛选出专业和其他要求与自己的情况相匹配的岗位。虽然大部分岗位会出现在相关领域的事业单位招聘公告中，但也有一些岗位可能出现在意想不到的领域。比如英语翻译专业相关岗位在大家印象中可能大部分出现在外事翻译中心这类单位中，但是其他领域也会有应用英语的需求，比如农产品检测、地质勘探工作中也可能有涉及外语的事务，以及博物馆外文讲解等。除此之外，大家还可以放宽专业限制范围，搜寻专业大类可报考的岗位。

　　考生也可以从人力资源社会保障部的官方网站上，看到中央所属事业单位与地方所属事业单位的招聘信息（网址：http：//job.mohrss.gov.cn/cjobs/institution/listInstitution）。

（2）精准定位。如果你确定了想要报考的岗位，可以尝试在搜索引擎中按岗位搜索。例如，某位体育专业的考生，想要报考事业单位的教练岗位，可以在搜索框中输入"招聘教练的事业单位"，这样搜索出来的页面信息有些就是某事业单位招聘教练的公告。精准搜索有时会遗漏一些信息，因此建议将广泛撒网和精准定位两种方法结合使用，以更全面地掌握信息。

（3）借助人脉。可以通过学校的同学、老师、学姐、学长等了解可报考的单位。

我国事业单位覆盖教、科、文、卫、农、林、牧、水等众多行业和领域。事业单位发布的招聘简章中涉及的专业技术岗位偏多，管理岗位也较为常见，但是工勤技能岗位较少。因为《事业单位岗位设置管理试行办法》明确提到，鼓励事业单位后勤服务社会化，已经实现社会化服务的一般性劳务工作，不再设置相应的工勤技能岗位。

全国事业单位招聘网已推出手机客户端：事招雷达App。
手机报名，查阅公告，岗位筛选，掌上搞定！

第三节　从现在起，规划未来职级及发展路径

如果你选择报考事业单位，那你是否设想过自己的职业规划呢？本节将为大家介绍事业单位职级设置、职业发展以及待遇等，希望能够为大家制定职业规划提供一些帮助。

一、了解你报考的岗位有哪些职级

我们前面已经介绍过事业单位岗位分为管理岗位、专业技术岗位和工勤技能岗位。2006 年人事部印发的《事业单位岗位设置管理试行办法》规定，根据岗位性质、职责任务和任职条件，将事业单位管理岗位、专业技术岗位、工勤技能岗位分别划分为通用的岗位等级。

管理岗位分为 10 个等级，即一级至十级职员岗位。

专业技术岗位分为 13 个等级，包括高级岗位、中级岗位和初级岗位。高级岗位分为 7 个等级，即一级至七级；中级岗位分为 3 个等级，即八级至十级；初级岗位分为 3 个等级，即十一级至十三级。

工勤技能岗位包括技术工岗位和普通工岗位，其中技术工岗位分为 5 个等级，即一级至五级；普通工岗位不分等级；特设岗位的等级根据实际需要，按照规定的程序和管理权限确定。

2011 年，中共中央办公厅、国务院办公厅印发的《关于进一步深化事业单位人事制度改革的意见》（中办发〔2011〕28 号）规定：公益一类事业单位，在审批编制内设岗，规范人事管理，搞活内部用人机制；公益二类事业单位，在备案编制内设岗，赋予单位灵活的人事管理权。2014 年 2 月，国务院第 40 次常务会议通过《事业单位人事管理条例》（国务院令第 652 号），要求事业单位按照国家有关规定设置岗位。

二、职级晋升面面观

有的考生可能会产生这样的疑问，既然岗位的职级划分有所不同，那么

岗位的晋升方式是不是也不相同？是的，这三类岗位的晋升方式是不同的。事业单位管理岗位的职工主要通过职员等级晋升，专业技术岗位职工主要通过职称评审晋升，工勤技能岗位职工主要通过参加职业技能鉴定和考试来晋升。那么这三类岗位的晋升形式具体是怎样的呢？有哪些相关的政策说明呢？接下来，我们将分别介绍。

（一）管理岗位的晋升

1. 管理岗位职员等级晋升制度

管理岗位的职工主要是通过职员等级晋升的，同时也和单位的行政级别密切相关。事业单位的最高管理岗位等级取决于单位自身行政级别[①]，例如市级以上的事业单位行政级别较高，而县以下事业单位管理岗位职工受限于单位级别、规格，晋升难度较大。对此，2021年我国全面推行县以下事业单位建立管理岗位职员等级晋升制度。2021年召开的中央全面深化改革委员会第十八次会议强调，全面推行县以下事业单位建立管理岗位职员等级晋升制度，要坚持党管干部、党管人才，着眼于建设高素质专业化事业单位干部队伍，改造现有职员等级，将县以下事业单位职员等级与岗位等级适当分离，建立主要体现德才素质、个人资历、工作实绩的等级晋升制度，拓展县以下事业单位管理人员职业发展空间。

推行县以下事业单位建立管理岗位职员等级晋升制度，是党中央作出的一项重大决策部署，是加强基层事业单位干部队伍建设的重要举措。推行县以下事业单位建立管理岗位职员等级晋升制度，有利于激发基层工作人员的工作活力，满足其拓展职业发展空间的需求，这对基层事业单位管理岗工作人员来说，是促进职业发展的一大利好消息。一方面，它打破了岗位等级停留在九级职员的职业天花板；另一方面，它有利于建立以突出德才素质、个人资历、工作实绩等为主的评价方式，为德才兼备、有实力的人才提供广阔的发展空间。目前该项制度的适用范围是县以下事业单位的管理岗人员。

---

① 熊通成. 事业单位管理岗位职员等级晋升问题与对策 [J]. 中国人事科学，2018（3）：34-39+71.

根据中央的指示精神，各地陆续出台了事业单位建立管理岗位职员等级晋升制度的实施方案，从中可以看到，职员岗位等级晋升需要具备一定的工作年限，并结合工作人员的德才素质、个人资历、工作实绩等进行综合考量。

事实上，这项政策经历了很长时间的打磨才推出，并不是一蹴而就的。前面提到事业单位管理岗位分为 10 个等级，即一级至十级职员岗位。这里的职员制度并不是一开始就存在的，它的提出和实施也是一个循序渐进的过程。读到这里考生可能也有些疑问，什么是职员制度？随着事业单位分类改革的推进，事业单位的人事制度改革也在逐步推进。事业单位职员制度是针对事业单位管理岗位的职员制定的制度，其主要目的在于加快事业单位的去行政化，实现事业单位人员管理从身份管理到岗位管理的转变，为事业单位管理岗位工作人员建立一个独立且更顺畅的职业发展通道，同时在一定程度上破解事业单位管理岗位工作人员的薪酬待遇与职务关联过于紧密的境况。

2000 年，中共中央组织部、人事部印发《关于加快推进事业单位人事制度改革的意见》（人发〔2000〕78 号）提出，对管理岗位，要建立体现管理人员的管理水平、业务能力、工作业绩、资格经历、岗位需要的等级序列，推行职员制度。

2016 年，人力资源社会保障部印发《关于加强基层专业技术人才队伍建设的意见》（人社部发〔2016〕57 号），提出建立县乡事业单位管理岗位职员等级晋升制度。

2018 年，中央全面深化改革委员会第三次会议审议通过了《关于开展县以下事业单位管理岗位职员等级晋升制度试点工作的实施意见》，在宁夏和海南等地开展了试点工作。

2021 年，中共中央办公厅、国务院印发《关于县以下事业单位建立管理岗位职员等级晋升制度的意见》（中办发〔2021〕29 号）。从事业单位管理岗位职员等级概念的提出到 2018 年开展职员等级晋升制度试点工作，再到 2021 年正式确定全面推行县以下事业单位建立管理岗位职员等级晋升制度，我国事业单位人事制度改革是逐步推进的。

> **小贴士：县以下事业单位管理岗位职员等级晋升案例**
>
> 以 S 省 R 县事业单位管理岗位职员等级晋升试点工作为例。R 县在试点过程中，对"承担全县经济社会发展重点工作、重点项目建设，工作成绩突出的；获得县委、县政府及市级以上各类表彰的；承担的工作在市级以上被作为先进典型经验推广的；其他优先晋升的情形"等四类人员予以优先晋升，不搞平均主义，不简单凭资历，实行择优晋升、动态管理。同时对"不能胜任职位职责的；长期不能坚持正常工作的；年度考核被确定为不合格等次的；受到降级处理或者撤职处分的；其他取消晋升的情形"等五种人员取消晋升，实行职员等级晋升动态化管理。

　　总而言之，考生选择事业单位，还要结合自身情况进行考量，综合考虑个人的职业规划、专业志向、岗位的报录比等。我国有很多事业单位分布在基层，也需要建立优秀的人才队伍。近年来，我们也可以从新闻中看到很多学业有成的年轻人毕业后选择回家乡发展，用自己的才干为家乡建设出一份力，基层单位为了吸引人才也在不断优化引才政策。由此可见，事业单位的人事制度总体都是朝着激发人才活力方向发展的。随着事业单位人事制度的不断完善，事业单位职工也会受益于这些利好政策。从岗位发展角度考虑，考生也要思考自己到底想要做什么，争取在职业生涯中既能实现个人价值，也能实现社会价值。

　　2. 担任事业单位领导干部的基本条件

　　事业单位领导干部也需要具备相应的能力和素质。党的十八大以来，习近平总书记科学把握新形势新任务和干部队伍实际，明确提出信念坚定、为民服务、勤政务实、敢于担当、清正廉洁的新时代好干部标准，突出强调干部要忠诚、干净、担当[①]。2022 年，中央办公厅印发了《事业单位领导人员管理

---

① 《建设德才兼备、忠诚干净担当的高素质专业化事业单位领导人员队伍——中央组织部负责人就〈事业单位领导人员管理规定〉答记者问》，《人民日报》，2022 年 1 月 24 日 02 版。

规定》（以下简称《规定》），明确事业单位领导人员应当具备下列基本条件。

（一）思想政治素质好，理想信念坚定，自觉坚持以马克思列宁主义、毛泽东思想、邓小平理论、"三个代表"重要思想、科学发展观、习近平新时代中国特色社会主义思想为指导，坚决贯彻执行党的理论和路线方针政策，增强"四个意识"、坚定"四个自信"、做到"两个维护"，自觉在思想上政治上行动上同党中央保持高度一致。

（二）组织领导能力强，自觉贯彻执行民主集中制，善于科学管理、沟通协调、依法办事、推动落实，工作实绩突出。

（三）专业素养好，熟悉有关政策法规和行业发展情况，具有胜任岗位职责的专业知识和专业能力。

（四）创新意识强，勤于学习，勇于探索，敢于攻坚克难，有开拓进取、追求卓越的韧劲，能够切实推进技术、管理、制度等重要创新。

（五）事业心和责任感强，热爱公益事业；坚持以人民为中心的发展思想，求真务实、勤勉敬业、担当作为，忠实履行公共服务的政治责任和社会责任；有斗争精神和斗争本领；团结协作，群众威信高。

（六）正确行使职权，坚持原则，带头践行社会主义核心价值观，恪守职业道德，严于律己，清正廉洁。

不同行业事业单位领导人员基本条件应当适应本行业特点和要求。其中，宣传思想文化系统事业单位领导人员应当坚持政治家办报办刊办台办新媒体，有强烈的意识形态阵地意识；高等学校和中小学校领导人员应当认真贯彻党的教育方针，坚持社会主义办学方向，自觉落实立德树人根本任务；科研事业单位领导人员应当坚持高水平科技自立自强的方向，坚持面向世界科技前沿、面向经济主战场、面向国家重大需求、面向人民生命健康，尊重科研工作规律，弘扬科学家精神，自觉践行创新科技、服务国家、造福人民的价值理念；公立医院领导人员应当坚持为人民健康服务的方向，有适应医院高质量发展的先进管理理念和实践经验。

党员领导人员应当自觉履行党建工作"一岗双责"，专职从事党务工作的领导人员还应当熟悉党建工作，善于做思想政治工作。

正职领导人员应当带头提高政治判断力、政治领悟力、政治执行力，具有驾驭全局的能力，善于抓班子带队伍，民主作风好。

除此之外，《规定》还对领导人员的学历、工作经历等基本要求作出了明确规定。但对于特别优秀的，或者因国家重大战略、重大工程、重大项目、重点任务选拔"高精尖缺"人才担任领导职务或内设机构负责人的，可以适当放宽任职资格。

（一）一般应当具有大学本科以上文化程度。

（二）提任六级以上管理岗位领导职务的，一般应当具有5年以上工作经历。

（三）从管理岗位领导职务副职提任正职的，应当具有副职岗位2年以上任职经历；从下级正职提任上级副职的，应当具有下级正职岗位3年以上任职经历。

（四）主要以专业技术面向社会提供公益服务的事业单位领导班子行政正职、分管业务工作的副职一般应当具有从事本行业专业工作的经历。

（五）具有正常履行职责的身体条件。

（六）符合有关党内法规、法律法规和行业主管部门规定的其他任职资格要求。

（二）专业技术岗位工作人员的晋升

专业技术岗位的工作人员主要通过评定职称来提升自己的专业技术等级，这一点与公务员不同，公务员不能申报参加职称评审[①]。那么职称是什么呢？简单来说，职称是显示专业技术人才学术技术水平和专业能力的主要标志。职称制度是评价和管理专业技术人才的基本制度。从国家层面来说，实行职称制度有利于建设专业技术人才队伍。对于个人而言，一方面，评职称有利于岗位等级晋升以及个人收入的提升；另一方面，职称等级一定程度上也代表着个人的业务能力、工作贡献。

① 中共中央办公厅、国务院办公厅印发《关于深化职称制度改革的意见》（中办发〔2016〕77号）。

表 1-7 列举了部分领域的专业技术岗位，可以较清晰地看到每个专业领域不同岗位对应不同职级的名称。每一个名称对应一定的专业技术等级。以中小学教师为例，三级教师对应专业技术岗位十三级，二级教师对应专业技术岗位十一级至十二级，一级教师对应专业技术岗位八级至十级，高级教师对应专业技术岗位五级至七级，正高级教师对应专业技术岗位一级至四级。

表 1-7   部分领域专业技术岗位的职级名称

岗位名称	职级名称				
	初级		中级	高级	
中小学教师	三级教师	二级教师	一级教师	高级教师	正高级教师
体育专业人员	初级教练		中级教练	高级教练	国家级教练
文博专业人员	助理馆员		馆员	副研究馆员	研究馆员
工程技术人员	技术员	助理工程师	工程师	高级工程师	正高级工程师
船舶专业技术人员	驾驶员	助理驾驶员	中级驾驶员	高级船长	正高级船长
卫生专业技术人员	医士	医师	主治医师	副主任医师	主任医师
	药士	药师	主管药师	副主任药师	主任药师
	护士	护师	主管护师	副主任护师	主任护师
自然科学研究人员	研究实习员		助理研究员	副研究员	研究员
会计	助理会计师		会计师	高级会计师	正高级会计师

近年来，我国对职称评审制度进行了一系列的改革。例如，2017 年中共中央办公厅、国务院办公厅印发了《关于深化职称制度改革的意见》，指出要以品德、能力、业绩为导向，完善评价标准，创新评价方式，克服唯学历、唯资历、唯论文的倾向，科学客观公正评价专业技术人才，让专业技术人才有更多时间和精力深耕专业，让作出贡献的人才有成就感和获得感。

截至 2021 年，历时 5 年的职称评审制度改革重点任务已完成。27 个职称系列的改革指导意见全部出台，涵盖工程、卫生、农业、经济、会计、统计、翻译、新闻出版广电、艺术、教师、科学研究等领域。

党的二十届三中全会通过的《中共中央关于进一步全面深化改革、推进中国式现代化的决定》强调，建立以创新能力、质量、实效、贡献为导向的人才评价体系。这也将进一步推动我国职称评审制度的改革和发展。

从上述文件精神中，我们也可以看出深化职称评审制度改革意在建立更加科学、公正的评价制度，减少申报、评审等方面的制约，让真正有实力、有实际贡献的人才能够通过职称评审。职称评审制度改革与事业单位专业技术岗位的职工密切相关，在此提到职称评审制度改革，就是希望帮助考生了解现在的专业技术岗位人才评价机制的变化。

本书列举卫生、教育、会计、文博等领域专业人员职称制度改革的部分内容，以供参考。例如，为鼓励卫生专业技术人才扎根基层，踏实工作，对基层卫生专业技术人员的论文、科研和职称外语不作要求[1]；对高校教师不再以 SCI（科学引文索引）、SSCI（社会科学引文索引）等论文指标作为参评前置条件和判断的直接依据[2]；注重评价会计人员能力素质和实际贡献，论文不作为会计工作人员职称评审的限制性条件，进一步淡化学历、奖项和任职年限要求[3]；推行代表作制度，将文博专业人员的代表性成果作为职称评审的重要内容，注重标志性成果的质量、贡献和影响力，文博事业单位的编外人员可按同等条件参加文博系列职称评审[4]。

如果考生对自己所学专业领域的职称评审制度改革以及与职称评审相关的内容感兴趣，还可以关注人力资源社会保障部的官方网站或公众号平台。

可能有考生会好奇：职称评审的形式是怎样的？都有怎样的要求？下面就来为大家答疑解惑。

---

[1]　人力资源社会保障部、国家卫生健康委、国家中医药局印发《关于深化卫生专业技术人员职称制度改革的指导意见》（人社部发〔2021〕51号）。
[2]　人力资源社会保障部、教育部印发《关于深化高等学校教师职称制度改革的指导意见》（人社部发〔2020〕100号）。
[3]　人力资源社会保障部、财政部印发《关于深化会计人员职称制度改革的指导意见》（人社部发〔2019〕8号）。
[4]　人力资源社会保障部、国家文物局印发《关于深化文物博物专业人员职称制度改革的指导意见》（人社部发〔2019〕122号）。

　　职称评审的一般流程是个人先提出申请，申报个人材料，单位对于推荐材料进行审查，经主管部门审核、呈报部门同意后，可参加职称评审，评委会组织专家负责评审工作，最后对评审结果进行公示。

　　部分专业技术岗位工作人员的职称评审是以考代评，即通过考试的方式提升职称等级。比如会计工作人员初级、中级职称采取以考代评的方式，通过全国统一考试，取得人力资源社会保障部、财政部颁发的初级、中级会计专业技术资格证书，即可评为初级、中级职称。

　　随着职称评审制度改革的推进，各地不断出台政策，评审方式也变得多元化。有些政策要求不是只通过评审就可以获得职称，如 Y 市卫健委发布的《关于做好 2021 年度卫生高级职称评审工作的通知》指出：采取"考评结合"的方式，继续开展卫生技术副高级、基层卫生技术高级职称评审业务能力测试，测试成绩两年有效。也就是说，对于副高级职称评审和高级职称评审，采取考试和评审相结合的方式，考试成绩合格后方可参加评审。

　　不同领域工作人员的职称评审对应的要求、侧重点不尽相同，在这里无法一一详细罗列说明。下方小贴士中以北京市的会计职称评审为例进行介绍，希望帮助考生对其形式和要求有初步的了解。如果想要具体了解当地的职称评审政策，可以咨询所在地人社部门或者所在行业的主管部门。

小贴士：北京市会计职称评审标准与基本条件要求

　　北京市对会计职称人员的评价标准，坚持德才兼备、以德为先。对从事行政事业会计工作的人员，重点评价其在事业单位财会管理与监督、预算管理、资产管理、内部控制等方面的能力和业绩，以及参与所在行业或单位管理改革、体制机制建设、保障事业发展等作业的贡献。实行职称评审代表作制度。会计人员的代表作可包括财会制度、行业标准、专业教材、学术著作、专业论文等。注重代表作的质量、贡献和影响力。

　　北京市对不同职称评价要求的基本条件也不一样。会计职务按从低到高的顺序分为助理会计师、会计师、高级会计师、正高级会计师，概括而言，每一级职称除了对基本学历、工作经历作出规定，还涉及对基本知识、业务能力、科研能力、工作业绩等方面的考察。例如本科学历的助理会计师想要评上会计师，则需具备这样的基本条件：①工作满 4 年；②掌握会计基础知识和业务技能，掌握并能正确执行财经政策、会计法律法规和规章制度；具有扎实的专业判断和分析能力，能独立负责某领域会计工作。

（资料来源：根据《北京市深化会计人员职称制度改革实施办法》整理。）

部分城市规定，有无职称外语和计算机应用能力考试成绩，均可申报职称评审。

以会计专业工作人员为例，考生考入事业单位后，可以了解单位专业技术人员的结构比例、职称评审情况，以及当地的职称评审政策，如工作年限要求、学历要求、科研要求、工作贡献要求等，对标要求，朝着既定的方向努力发展，做好规划和准备。例如，前文提到的会计人员代表作制度，其代表作可包括财会制度、行业标准、专业教材、学术著作、专业论文等，这些都需要个人的能力积累，也需要花时间潜心打磨，才能做到术业有专攻。

上面提到的都是职称评审需要符合的要求，当然也存在不能参加职称评审的情形。不是所有的事业单位的专业技术人员都可以参加职称评审，以下事项需要额外注意。

（1）事业单位工作人员受到行政记过及以上处分、违反行业法律法规受到从业限制等处罚的，在受处分或处罚期间不能申报参加职称评审。

（2）离退休人员不得参加专业技术人才职称评审。此外，根据《关于深化职称制度改革的意见》，公务员不得参加专业技术人才职称评审。在多地的人力资源和社会保障局相关文件中可见"公务员（含参照公务员法管理的事业单位工作人员）不得参加职称评审"的规定。

（三）工勤技能岗位工作人员的晋升

工勤技能岗位工作人员可以通过鉴定职业资格等级实现晋升。

工勤技能人员技术等级分为五级/初级工、四级/中级工、三级/高级工、二级/技师、一级/高级技师五个等级。工勤技能人员技术等级职业分类按照《中华人民共和国职业分类大典》《国家职业技能标准》规定的职业（工种）名称、职业技能等级执行。

以山东省为例，事业单位工勤技能人员考核评定，由主管部门（事业单位）按照管理权限，自行制定考核评定方案并组织实施。职业资格等级鉴定可以采取命题考核的方式，也可以采取工作岗位过程化考核、技术水平综合评审、专家组评定等方式。

三、收获职业发展与成长

（一）可获得相应的培训

为建设高素质专业化事业单位工作人员队伍，促进社会公共服务事业快速健康发展，2019 年，中共中央组织部、人力资源社会保障部印发了《事业单位工作人员培训规定》（人社部规〔2019〕4 号，以下简称《规定》）。

根据《规定》，事业单位工作人员有接受培训的权利和义务，一般每年度参加各类培训的时间累计不少于 90 学时或者 12 天。事业单位工作人员培训情况应当作为其考核的内容和岗位聘用、等级晋升的重要依据之一。事业单位工作人员培训分为岗前培训、在岗培训、转岗培训和专项培训，根据不同行业、不同类型、不同岗位特点，按照规定的方式进行。

管理人员在岗培训内容包括公共科目和专业科目。公共科目包括应当普遍掌握的政治理论、法律法规、政策知识、行为规范、纪律要求等。专业科目包括所聘岗位需要更新的政策法规、理论知识和管理实务，涉及公共管理、财务、资产、人事、外事、安全、保密、信息化等。

专业技术人员、工勤技能人员在岗培训分别按照继续教育、职业技能培训等相关规定执行，注重加强政治理论、职业道德、爱国奉献精神等方面的培训。

（二）有机会参与创新创业

如果考生准备报考事业单位的专业技术岗位，尤其是高等院校、科研院所的专业技术岗位，那么考生还可以拥有创新创业的机会。2017 年，人力资源社会保障部印发了《关于支持和鼓励事业单位专业技术人员创新创业的指导意见》（人社部规〔2017〕4 号，以下简称《指导意见》），提到了以下三种情形。

一是支持和鼓励事业单位选派专业技术人员到企业挂职或者参与项目合作。事业单位专业技术人员到企业挂职或者参与项目合作期间，与原单位在岗人员同等享有参加职称评审、项目申报、岗位竞聘、培训、考核、奖励等方面权利。

二是支持和鼓励事业单位专业技术人员兼职创新或者在职创办企业。事业单位专业技术人员在兼职单位的工作业绩或者在职创办企业取得的成绩可以作为其职称评审、岗位竞聘、考核等的重要依据。

三是支持和鼓励事业单位专业技术人员离岗创新创业。离岗创业人员离岗创业期间执行原单位职称评审、培训、考核、奖励等管理制度。离岗创业期间取得的业绩、成果等，可以作为其职称评审的重要依据；创业业绩突出，年度考核被确定为优秀档次的，不占原单位考核优秀比例。

该项政策的适用对象主要是高等院校、科研院所的专技人员。除高等院校、科研院所之外的事业单位的专技人员，符合不同创新创业方式要求的，也可以提出申请。《指导意见》适用的创新创业活动突出围绕创新这一主题，涉及的创业也是与创新有关的创业。

（三）多元化发展渠道

1. 竞聘上岗

竞聘上岗是事业单位内部产生岗位人选、实现人员能上能下的一种竞争性选拔方式。

根据 2014 年国务院印发的《事业单位人事管理条例》，事业单位内部产生岗位人选，需要竞聘上岗的，按照下列程序进行：

（1）制定竞聘上岗方案；

（2）在本单位公布竞聘岗位、资格条件、聘期等信息；

（3）审查竞聘人员资格条件；

（4）考评；

（5）在本单位公示拟聘人员名单；

（6）办理聘任手续。

2.转岗

一些地方的政策中显示，事业单位管理岗位、专业技术岗位和工勤技能岗位，符合岗位要求且有空岗的，不同岗位之间可以调整。

3.交流

机关事业单位在编在岗人员可通过交流方式进入事业单位工作。调入单位应有空缺编制和岗位，拟交流人员须符合相应岗位基本任职条件，具备相应履职能力。

某些地区还规定了机关事业单位在编在岗人员跨系统、跨专业、跨岗位类别交流应采取公开选拔（聘）方式。省外事业单位的工作人员新交流到市本级、市级机关所属和区属事业单位，只能是同类经费形式之间或全额向差额及差额向自收自支流动。

值得注意的是，不同地区对于交流是有要求的，不是进入事业单位工作后就取得了交流的资格，具体应以当地人社部门印发的相关文件为准。

小贴士：事业单位工作人员交流要求示例

例如，N市规定有下列情形之一的，一般不得交流：

（1）试用期未满，或在原单位工作不满1年的；

（2）区县（市）以上所属事业单位公开选拔（聘）或组织调配的人员，在镇乡（街道）工作不满5年或不满地方和行业规定最低服务年限的；

（3）通过招生招聘并轨方式为基层事业单位定向培养的人员，未满规定最低服务年限的；

（4）人事档案涉嫌涂改造假，首次进入事业单位方式缺乏政策支撑，或者出生时间、参加工作时间、入党时间、学历学位、工作经历、机关事业单位在编在岗人员身份等重要信息记载存疑的；

（5）涉嫌违纪违法正在接受组织审查且尚未作出结论的；

（6）不符合相关政策规定的其他情形。

4.奖励

事业单位工作人员或者集体符合下列情形之一的，给予奖励：

（1）长期服务基层，爱岗敬业，表现突出的；

（2）在执行国家重要任务、应对重大突发事件中表现突出的；

（3）在工作中有重大发明创造、技术革新的；

（4）在培养人才、传播先进文化中作出突出贡献的；

（5）有其他突出贡献的。

四、工资、福利待遇相关

根据《事业单位人事管理条例》，事业单位工作人员工资包括基本工资、绩效工资和津贴补贴。事业单位工资分配应当结合不同行业事业单位特点，体现岗位职责、工作业绩、实际贡献等特点。事业单位工作人员享受国家规定的福利待遇。事业单位执行国家规定的工时制度和休假制度。事业单位及其工作人员依法参加社会保险，工作人员依法享受社会保险待遇。

对于事业单位薪酬，我们不能仅关注具体数额。从社会层面来看，稳定、体面、待遇有保证应该是大家对事业单位非常直观的认知，如前所述公共服务事业的前景广阔，以及奋斗与贡献的个人价值的实现，都应该被纳入考量范畴。

第四节　事业单位分类改革

提到事业单位分类改革，不知道备考的你了解多少呢？近年来，大家也看到过不少关于事业单位改革的新闻。可能大家也会产生一些疑问：为什么事业单位要进行分类改革？改革的实施情况是怎样的？与准备报考事业单位的考生又有怎样的关系呢？本节将会围绕上述问题展开论述，让大家对事业单位分类改革有更清晰的了解。

一、关于事业单位分类改革，你不可不知的原因

首先，事业单位改革不是简单地减人、减机构、甩包袱，更不是把事业单位搞小变弱，而是基于国情和我国社会发展作出的重大战略调整。

（一）事业单位分类改革是为了更好地满足人民群众的需求

我们知道事业单位涉及的领域广泛，是提供公共服务的重要组成部分，涉及教育、医疗、文化、科技等诸多领域。这些领域与我们的生活息息相关，比如，公民需要上学接受义务教育、居民生病需要基础医疗、公众在物质生活得到满足后需要一定的公共文化服务等。

现阶段，我国社会主要矛盾已经不再是人民日益增长的物质文化需要与落后的社会生产之间的矛盾，而是人民日益增长的美好生活需要和不平衡不充分的发展之间的矛盾。这就意味着，在新时代，随着我国经济社会的发展，事业单位所提供的公益服务也要满足人民群众的需求。如果公益事业发展滞后，不能满足民生需求，也会影响社会进步。进行事业单位改革，有利于促进经济与社会的协调发展，改变"一条腿长、一条腿短"的失衡现状。

（二）推进事业单位分类改革是转变政府职能、建设服务型政府的重要举措

"转变政府职能、建设服务型政府"，大家看到这些词汇可能还是觉得有些抽象，但是如果把它们和我们在新闻上经常看到或听到的政策相结合进行

了解，就会更具体全面地理解事业单位分类改革的意义。

相信备考事业单位的你肯定对"四个全面"战略布局丝毫不陌生，"四个全面"即全面建设社会主义现代化国家、全面深化改革、全面依法治国、全面从严治党。看到"全面深化改革"这几个字，你可能已经猜到了事业单位分类改革与全面深化改革是密切相关的。

党的十八大以来，以习近平同志为核心的党中央明确提出，进一步全面深化改革的总目标是继续完善和发展中国特色社会主义制度，推进国家治理体系和治理能力现代化。

党的十八届三中全会研究了全面深化改革的若干重大问题，通过了《中共中央关于全面深化改革若干重大问题的决定》，提出要加快转变政府职能，加快事业单位分类改革，加大政府购买公共服务力度，推动公办事业单位与主管部门理顺关系和去行政化，创造条件，逐步取消学校、科研院所、医院等单位的行政级别。建立事业单位法人治理结构，推进有条件的事业单位转为企业或社会组织。建立各类事业单位统一登记管理制度。

党的十九届三中全会通过了《中共中央关于深化党和国家机构改革的决定》，指出事业单位定位不准、职能不清、效率不高等问题依然存在。国家加快推进事业单位改革。党政群所属事业单位是提供公共服务的重要力量。全面推进承担行政职能的事业单位改革，理顺政事关系，实现政事分开，不再设立承担行政职能的事业单位。加大从事经营活动事业单位改革力度，推进事企分开。区分情况实施公益类事业单位改革，面向社会提供公益服务的事业单位，理顺同主管部门的关系，逐步推进管办分离，强化公益属性，破除逐利机制；主要为机关提供支持保障的事业单位，优化职能和人员结构，同机关统筹管理。全面加强事业单位党的建设，完善事业单位党的领导体制和工作机制。

总而言之，推进事业单位改革的主要目的是强化事业单位的公益属性，理顺政府与事业单位的关系，推进政事分开、事企分开、管办分离，把更多的精力和资源投入公益事业发展，更好地实现政府的公共服务目标。

前文讲述了宏观的顶层设计与事业单位分类改革的关系，那么具体到个人而言，事业单位分类改革有利于我们享受到更好的公共服务，满足人民多元化的需求。如果你考入事业单位，从事为社会提供服务的工作，也是在为促进社会发展贡献自己的力量，同时实现了个人价值。

二、分类推进事业单位改革的情况

（一）改革目标

根据 2011 年印发的《中共中央 国务院关于分类推进事业单位改革的指导意见》，改革的目标分为两步。一是 2011—2015 年，在清理规范基础上完成事业单位分类，承担行政职能事业单位和从事生产经营活动事业单位的改革基本完成，从事公益服务事业单位在人事管理、收入分配、社会保险、财税政策和机构编制等方面改革取得明显进展，管办分离、完善治理结构等改革取得较大突破，社会力量兴办公益事业的制度环境进一步优化，为实现改革的总体目标奠定坚实基础。二是 2016—2020 年，建立起功能明确、治理完善、运行高效、监管有力的管理体制和运行机制，形成基本服务优先、供给水平适度、布局结构合理、服务公平公正的中国特色公益服务体系。

就事业单位分类改革本身而言，截至 2020 年已基本完成。

（二）改革如何分类

在对现有的事业单位进行清理规范的基础上，按照社会功能将事业单位划分为承担行政职能、从事生产经营活动和从事公益服务三个类别（见图 1–1 ）。

对承担行政职能的事业单位，逐步将其行政职能划归行政机构或转为行政机构，这类事业单位的岗位有可能转为公务员行政编。

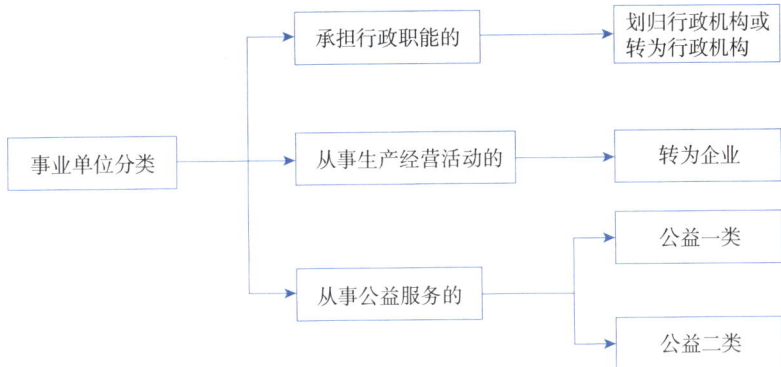

图 1-1　事业单位改革分类

✎ 小贴士：承担行政职能的事业单位改革案例

以 H 市为例。H 市聚焦市场监管、生态环境保护、文化市场、交通运输、农业农村等五大领域综合执法队伍，将完全履行行政执法职能的执法机构整建制划转到各领域综合执法机构，相对集中行政处罚权，整合精简执法队伍，统一机构规格，解决多头多层重复执法和设置不规范问题。从严从紧，参照近三年来平均现场执法量，以改革前锁定的人员编制为基数，按照不超过 30% 的比例划转编制，明确划转人员资格条件，严格审核。此外，将承担部分行政执法事项的事业单位的行政执法职能剥离整合到综合执法机构，编制和人员不予划转。

对从事生产经营活动的事业单位，逐步将其转为企业。今后，不再批准设立承担行政职能的事业单位和从事生产经营活动的事业单位。

对从事公益服务的事业单位，继续将其保留在事业单位序列、强化其公益属性。从事公益服务的事业单位，被细分为公益一类和公益二类。具体情况在第一章第一节已经提到。

（三）如何推进

承担行政职能的事业单位改革和从事生产经营活动的事业单位改革这两类改革是整个改革的“小头儿”，都有过渡期，逐步改革到位。

根据中央编办、财政部、人力资源社会保障部负责人就分类推进事业单位改革有关问题答记者问的有关回复，对于从事公益服务的事业单位，因为与人民群众的切身利益息息相关，是分类推进事业单位改革的重中之重，改革后只有这类单位保留在事业单位序列。改革的核心要求是强化其公益属性，促进公益事业发展，为人民群众提供更加优质高效的公益服务。从事公益服务事业单位的改革主要涉及以下七个方面。

一是改革管理体制。创新行政主管部门对事业单位的管理方式，强化制定政策法规、行业规划、标准规范和监督指导等职责，减少微观管理和直接管理，进一步落实事业单位法人自主权。对面向社会提供公益服务的事业单位，探索管办分离的有效实现形式。

二是建立健全法人治理结构。面向社会提供公益服务的事业单位，探索建立理事会、董事会、管委会等多种形式的治理结构。对不宜建立法人治理结构的事业单位，继续完善现行管理模式。

三是深化人事制度改革。以转换用人机制和搞活用人制度为核心，以健全聘用制度和岗位管理制度为重点，建立起权责清晰、分类科学、机制灵活、监管有力的事业单位人事管理制度。同时，对不同类型事业单位实行分类人事管理。

四是深化收入分配制度改革。以完善工资分配激励约束机制为核心，健全符合事业单位特点、体现岗位绩效和分级分类管理要求的工作人员收入分配制度。

五是推进社会保险制度改革。完善事业单位及其工作人员参加基本养老、基本医疗、失业、工伤等社会保险政策，逐步建立起独立于单位之外、资金来源多渠道、保障方式多层次、管理服务社会化的社会保险体系。

六是加强对事业单位的监督。建立事业单位绩效考评制度和信息披露制度，加强审计监督和舆论监督。

七是全面加强事业单位党的建设，保证党的路线方针政策在事业单位的贯彻执行。

小贴士：事业单位改革案例

以A市的机构改革为例。A市的事业单位改革主要有两个方面的内容。一方面是将市委党史研究室与市政府地方志办公室整合，设置市委党史和地方志研究室，作为市委直属事业单位；另一方面是将事业单位承担的行政职能划归行政机构，实现政事分开。今后，除行政执法机构按照中央部署推进改革外，不再保留或新设承担行政职能的事业单位。改革后保留设置的事业单位，不再称"委、办、局"。此外，同步实施市属事业单位划转调整，根据部门职责划转情况，坚持优化协同高效，按照"编随事走、人随编走"的原则，将职责划出部门所属相关事业单位及人员、编制划转给职责划入部门。承担行政职能的事业单位，按要求改革后再调整隶属关系；其他事业单位应随主管部门调整，相应调整单位名称；划转后职能相同或相近的单位，相应整合机构、精简编制。

三、考试应密切关注事业单位分类改革

（一）了解报考单位信息，选择适合自己的事业单位，关乎切身利益

在招聘公告上，经常可见"全额拨款事业单位公开招聘"的字眼，有的考生会疑惑：什么是全额拨款事业单位？按照资金来源划分，事业单位可分为全额拨款事业单位、差额拨款事业单位两类。全额拨款事业单位，即工作人员工资、日常经费等全部由国家财政拨款。差额拨款事业单位，即工作人员工资、日常经费部分来自国家财政拨款，部分来自单位营收。

公益一类事业单位大多数是全额拨款事业单位，如公立小学等。公益二类事业单位大多数是差额拨款事业单位。考生如果想进入事业单位，应关注报考信息和岗位表上的单位信息。以上只具有一定意义上的参考作用，并不是所有的事业单位都能按照上述办法区分，具体情况还要查询了解单位的信息、职能和性质才能确定。无论我们去事业单位工作还是去其他性质的单位工作，这都是必要的环节，就像考研复试或者找工作参加面试时，面试官可

能会问"你为什么选择报考我们学校""你为什么选择我们单位"一样。只有了解了报考单位的职能、岗位工作内容，我们才能更好地选择适合自己或者自己想要从事的岗位工作，从而确定职业生涯规划。

此外，事业单位分类改革还涉及配套的绩效工资改革以及养老保险改革，这些也是进入事业单位工作后，与自身息息相关的内容。

（二）关注事业单位分类改革，了解自己所在行业的发展趋势

前面我们提到，事业单位是承担社会公益服务的载体，这就意味着事业单位的发展与人民群众的需求联系得更紧密。如果事业单位的职能是教育、医疗等社会需求广泛的领域，相对而言，其提供的岗位也会比其他领域事业单位可提供的岗位要多，相应的就业机会也会多一些。从长远发展看，随着人们生活水平的提高，需求会趋向多元化、个性化，例如，伴随着老龄化社会的到来，人们对养老服务提出了新的要求，这些要求就会催生出相应的工作岗位，相关单位就需要能够胜任工作的人才，同时也为适合的人才提供就业机会。

全面深化改革是长期任务，改革只有进行时，没有完成时。改革永远在路上。这就意味着所有的事物都不是一成不变的，行业也如此，这就需要我们了解所处行业的发展趋势。有志于从事公益服务工作的考生可以选择更有发展前景的行业，同时也要注意跟上时代的步伐，不断学习，提升自己的能力。

第二章
事业单位招聘考试是怎样的存在

　　"磨刀不误砍柴工"，考生只有全面了解相关政策，熟悉考试流程，才能少走弯路，顺利应考。为推进事业单位人事管理的科学化、制度化、规范化，培养造就高素质专业化事业单位工作人员队伍，各地事业单位招聘考试都会设置一系列的规章制度，并设置特定的报考条件。

　　事业单位考试通常是由各地方或各单位自行组织的招聘考试，其考试内容和形式可能因地区、单位而有所不同，本章将带你学习如何了解事业单位招聘考试的制度与政策，知悉公招、遴选、选调等多种招聘形式，熟悉考试的一般流程和环节，并掌握考试趋势及最新的考试情况，识得事业单位考试的"真面目"。

第一节　与考生息息相关的制度与政策

部分考生对事业单位公开招聘考试的印象就是每个单位自己组织考试，择优录取。实际上，为了确保考试的公平公正、维护每个考生的权利，这类考试的背后有着一系列的制度与政策，对招聘范围、条件及程序，招聘计划、信息发布与资格审查，考试与考核，聘用，纪律与监督等进行了详细的规定。

本节首先介绍了招聘制度的来龙去脉，转变类似"没有人情关系进不去事业单位"的错误观念；其次向拟参加事业单位招聘考试的考生强调应当注意的事项；再次提供了一些政策信息，意在帮助符合报考条件的考生打开思路，在选择报考岗位时用好相关的政策；最后提醒考生注意与时俱进。

一、事业单位如何选人用人

事业单位是我国各类人才的主要集中地，搞好事业单位人事制度改革，对建设高素质、社会化的专业技术人员队伍，推动经济发展和社会全面进步，实现我国改革开放和现代化建设的宏伟目标都具有十分重要的意义。

事业单位人事制度改革经历了多年的探索，如今仍在继续。

2000 年，中共中央组织部、人事部印发《关于加快推进事业单位人事制度改革的意见》的通知，提出要建立以聘用制为基础的用人制度。

2002 年，国务院办公厅同意并转发了人事部《关于在事业单位试行人员聘用制度的意见》，对试用人员聘用制度的基本原则、实施范围、聘用程序、考核制度、解聘辞聘制度等方面进行了规定。为了更好地贯彻此文件精神，人事部于 2003 年发布《关于印发〈事业单位试行人员聘用制度有关问题的解释〉的通知》，对聘用制度在实施中的有关问题进行解释，进一步完善了制度。

2005 年，《事业单位公开招聘人员暂行规定》发布，目前事业单位公开招聘都要依据此规定进行。

此后，有关部门又陆续出台了相关文件。2010 年中共中央组织部、人力资源社会保障部发布《关于进一步规范事业单位公开招聘工作的通知》（人

社部发〔2010〕92号）；2014年国务院发布《事业单位人事管理条例》；2017
年人力资源社会保障部发布《关于事业单位公开招聘岗位条件设置有关问题
的通知》（人社部〔2017〕17号）、《事业单位公开招聘违纪违规行为处理规
定》（人社部令第35号）；2019年中共中央组织部、人力资源社会保障部发
布《事业单位人事管理回避规定》（人社部规〔2019〕1号）……这些文件
对事业单位公开招聘制度进行了完善，确保了招聘的公平、公正。

　　目前，事业单位新进人员除国家政策性安置、按干部人事管理权限由上
级任命及涉密岗位等确需使用其他方法来选拔任用人员外，都要实行公开招
聘。公开招聘由用人单位根据招聘岗位的任职条件及要求，采取考试、考核
的方法进行。事业单位招聘应当面向社会，凡是符合报考条件的各类人员均
可参加考试。

　　《事业单位公开招聘人员暂行规定》为确保招聘环节的公开公平公正，
提供了法律支撑。

小贴士：《事业单位公开招聘人员暂行规定》部分详细内容

　　《事业单位公开招聘人员暂行规定》（以下简称《规定》）明确指出，
事业单位公开招聘人员，不得设置歧视性条件要求。通常招聘条件包括：
具有中华人民共和国国籍；遵守宪法和法律；具有良好的品行；岗位
所需的专业或技能条件；适应岗位要求的身体条件；岗位所需要的其他
条件。

　　《规定》明确了公开招聘程序，依次为：制定招聘计划；发布招聘信
息；受理应聘人员的申请，对资格条件进行审查；考试、考核；身体检
查；根据考试、考核结果，确定拟聘人员；公示招聘结果；签订聘用合
同，办理聘用手续。

　　《规定》还明确了事业单位在招聘信息里需要包含用人单位情况简
介、招聘的岗位、招聘人员数量及待遇，应聘人员条件，招聘办法，考

试、考核的时间（时限）、内容、范围；报名方法等需要说明的事项。

这里需要注意以下两点。

一是招聘条件看起来很简单，但正因为简单，一旦不符就无法进入事业单位。其中"遵守宪法和法律，具有良好的品行"意味着需要无犯罪记录，接受过行政处罚也不行；"适应岗位要求的身体条件"意味着在此后的身体检查中没有问题，事业单位体检标准通常参考《公务员录用体检通用标准（试行）》，患有器质性心脏病、高血压、血液病、结核病、慢性支气管炎、严重慢性胃肠疾病、肝炎、恶性肿瘤和肝硬化、肾炎、内分泌系统疾病、神经官能症、结缔组织疾病、晚期血吸虫病、颅脑疾病、慢性骨髓炎、三度单纯性甲状腺肿、胆结石或泌尿系结石、性病、视力障碍、听力障碍以及影响正常履行职责的其他严重疾病，都会被视为身体检查不合格，建议考生在报名之前对照检查，确保无上述疾病；"岗位所需的专业或技能条件"需要考生的专业符合报考岗位要求，考生应当事先了解拟聘岗位的专业要求和岗位备注，有些岗位会限定户籍、政治面貌、工作经历等，并注明工作条件，考生可根据自身情况选择。

二是公开招聘程序复杂，需要一系列过程，考生在查看招聘公告时，一定要注意相关时间节点，避免错过提交资料、报名缴费、笔试、面试、身体检查、入职报到等时间；一定要看清报名方式、结果公示时间和网址，避免考试通过却没看到公示结果而错失机会。

二、莫因芝麻丢了西瓜

事业单位公开招聘的公平公正，固然需要招聘单位及管理部门做好组织工作，但也离不开考生的自觉。各位考生应当了解相关规定，遵守招聘纪律，杜绝违规违纪行为。这些行为一旦被发现，就会受到相应的处罚。

《事业单位公开招聘违纪违规行为处理规定》和《事业单位人事管理回避规定》两项制度对考生的行为进行了规定，考生应当了解什么行为是不可以做的，并在实际应聘过程中遵守规定。如果在招聘过程中，发现他人存在这些行为，也可以依法举报，共同维护招聘的公平。

（一）《事业单位公开招聘违纪违规行为处理规定》

2018年1月1日起施行的《事业单位公开招聘违纪违规行为处理规定》对公开招聘违纪违规行为的认定与处理进行了规范。

以下是报名、考试、体检、考察等招聘过程中对各种违规违纪行为的认定。看起来非常多、非常细致，但对于普通考生来说，把握"真实"这点要求就好，提交真实的报名和体检材料、遵守考试现场工作人员的要求、不作弊即可。

报名过程中的违纪违规行为：①伪造、涂改证件、证明等报名材料，或者以其他不正当手段获取应聘资格；②提供的涉及报考资格的申请材料或者信息不实，且影响报名审核结果等。

考试过程中的违纪违规行为：①携带规定以外的物品进入考场且未按要求放在指定位置，经提醒仍不改正；②未在规定座位参加考试，或者未经考试工作人员允许擅自离开座位或者考场，经提醒仍不改正；③经提醒仍不按规定填写、填涂本人信息；④在试卷、答题纸、答题卡规定以外位置标注本人信息或者其他特殊标记；⑤在考试开始信号发出前答题，或者在考试结束信号发出后继续答题，经提醒仍不停笔；⑥将试卷、答题卡、答题纸带出考场，或者故意损坏试卷、答题卡、答题纸及考试相关设施设备等。严重违纪违规行为：①抄袭、协助他人抄袭；②互相传递试卷、答题纸、答题卡、草稿纸等；③持伪造证件参加考试；④使用禁止带入考场的通信工具、规定以外的电子用品；⑤本人离开考场后，在本场考试结束前，传播考试试题及答案等。特别严重违纪违规行为：①串通作弊或者参与有组织作弊；②代替他人或者让他人代替自己参加考试等。

体检过程中的违纪违规行为：①弄虚作假或者隐瞒影响聘用的疾病、病史；②请他人顶替体检以及交换、替换化验样本等。

考察过程中的违纪违规行为：提供虚假材料、隐瞒事实真相或者有其他妨碍考察工作的行为，干扰、影响考察单位客观公正作出考察结论。

除了保证"真实"，考生还应当自觉维护招聘工作秩序。在招聘过程中难免会遇到各种各样的问题，考生要保持冷静，和现场工作人员理性沟通，切莫因一时冲动而作出过激行为。

在应聘过程中，考生不得出现以下行为：①故意扰乱考点、考场以及其他招聘工作场所秩序；②拒绝、妨碍工作人员履行管理职责；③威胁、侮辱、诽谤、诬陷工作人员或者其他应聘人员等。

上述行为后果严重，考生不要以身试法。对违纪违规行为的处理方式包括取消应聘资格、终止继续参加考试并责令离开现场、考试成绩无效、不予聘用、解除聘用合同、予以清退、记入事业单位公开招聘应聘人员诚信档案库（记录期限 5 年或长期）、情节严重的交由公安机关依法处理、构成犯罪的依法追究刑事责任。

此外，各位考生千万不要心怀侥幸，认为只要没被当场抓获就不会有什么后果。事实上，即便没被当场抓住，在此后的阅卷过程中，甚至被聘用后，如果被发现存在上述违纪违规行为，也会由招聘单位解除聘用合同、予以清退，严重的会被记入事业单位公开招聘应聘人员诚信档案库。

小贴士：以案说法

2015 年 6 月，S 省事业单位公开招聘笔试成绩查询入口开放，此次考试为全省统考。成绩出来后，对比 S 省 T 市和 S 省其他地区考试成绩，发现当年 S 省属事业单位公开招聘进入面试范围的人员名单，综合类考生笔试分数在 80 分以上的占比不到千分之二，而 T 市事业单位公开招聘综合类考生笔试成绩 80 分以上比例为 12%。

这份异常"优秀"的成绩单，立即引起了各方人士的猜测，也引起了 T 市人力资源和社会保障局（简称人社局）的高度重视。T 市人社局紧急向上级机关报告；同时，向市委、市政府做了紧急汇报。上级机关当即指令，立即封存试卷进行核查，市委、市政府决定让公安机关介入调查。

　　6月17日，公安机关封存全部考试资料，调取全部考场监控视频；6月25日，对T市所有考生的答题信息逐一进行计算机扫阅；6月26日，报人力资源社会保障部人事考试中心进行雷同试卷甄别。7月13日，人社部人事考试中心完成甄别。7月20日，公安机关立案调查。10月底案件侦破。11月2日—11月30日，公安机关依据掌握的相关证据，逐一对违纪作弊考生进行核实认定。12月3日，T市招考办依据公安机关办案结果，发布了《2015年T市事业单位公开招聘公告第4号》。12月7日，T市人社局发布《关于2015年T市事业单位公开招聘笔试有关情况的说明》，称犯罪嫌疑人苗某某等利用高科技手段作案，犯罪嫌疑人已被公安机关逮捕。

　　此次利用高科技手段作弊的考生共计26人，其中不仅有80分以上的，还有5名70分以上的考生，他们全部被取消了考试成绩和资格。

　　（资料来源：2015年S省T市事业编考试作弊案。）

（二）《事业单位人事管理回避规定》

　　2019年，中共中央组织部、人力资源社会保障部共同研究制定并印发了《事业单位人事管理回避规定》（以下简称《规定》），自2020年1月1日起施行。

　　《规定》非常重要，建议考生报考之前仔细阅读全文，确保自己与拟报考单位、岗位不存在需要回避的情况，如果发现他人违反此《规定》也可依法举报。如果拟报考事业单位中有自己的亲属，就需要对照此《规定》进行排除。

　　管理回避规定简单来说就是，有特定关系的人不可以被聘用至相关的特定岗位。

　　需要回避的亲属关系包括：

（1）夫妻关系。

（2）直系血亲关系，包括祖父母、外祖父母、父母、子女、孙子女、外孙子女。

（3）三代以内旁系血亲关系，包括叔伯姑舅姨、兄弟姐妹、堂兄弟姐妹、表兄弟姐妹、侄子女、甥子女。

（4）近姻亲关系，包括配偶的父母、配偶的兄弟姐妹及其配偶、子女的配偶及子女配偶的父母、三代以内旁系血亲的配偶。

（5）其他亲属关系，包括养父母子女、形成抚养关系的继父母子女及由此形成的直系血亲、三代以内旁系血亲和近姻亲关系。

不可以被聘用的特定岗位：

（1）具有直接上下级领导关系的管理岗位：①领导班子正职与副职；②同一内设机构正职与副职；③上级正职、副职与下级正职；④单位无内设机构的，其正职、副职与其他管理人员以及从事审计、财务工作的专业技术人员；⑤内设机构无下一级单位的，其正职、副职与其他管理人员以及从事审计、财务工作的专业技术人员。

（2）不得在其中一方担任领导人员的事业单位聘用至从事组织（人事）、纪检监察、审计、财务工作的岗位，也不得聘用至双方直接隶属于同一领导人员的从事组织（人事）、纪检监察、审计、财务工作的内设机构正职岗位。

三、利用好相关政策

众所周知，高考招生对边远地区、特殊专业给予了一定的政策倾斜。事业单位公开招聘考试也是如此，对艰苦边远地区、国家扶持行业、重点人群等有一些特殊规定。考生可以通过了解这些规定来打开报考思路，根据个人实际情况更好地利用相关政策，找到更适合自己的岗位。

（一）艰苦边远地区县乡事业单位

为鼓励和引导优秀人才到艰苦边远地区县乡事业单位就业创业，解决艰苦边远地区吸引、留住人才难的问题，中共中央组织部、人力资源社会保障部发布《关于进一步做好艰苦边远地区县乡事业单位公开招聘工作的通知》，对国家确定的集中连片特殊困难地区的县、国家扶贫开发工作重点县的事业单位招聘工作作出了特殊规定，包括放宽招聘条件、改进招聘方式方法、完善激励保障措施等。

究竟哪些地区可以享受这些优惠政策呢？目前并没有一份完整的名单，但是西南、西北和中部地区许多省份，边远县、少数民族自治地区的事业单位在招聘公告中通常会提到"根据《关于进一步做好艰苦边远地区县乡事业单位公开招聘工作的通知》规定"可享受相关政策。因此，想通过这一途径进入事业单位的考生，可以多关注上述地区的事业单位招聘活动。

（二）职业教育

近年来，国家高度重视职业教育，从教师招聘、职业院校发展、学生就业等多方面给予支持。

为大力发展技工教育，加强技工院校教师队伍建设，人力资源社会保障部办公厅于2019年发布《关于技工院校公开招聘有关事项的通知》（人社厅发〔2019〕95号）。该文件主要包括以下两点内容。一是相应专业专科毕业生或技工院校高级工班毕业生、大学本科毕业生或预备技师（技师）班毕业生也可以应聘某些技工院校的生产实习指导教师。二是获得中华技能大奖、全国技术能手荣誉称号或省级技能大奖、技术能手荣誉称号，享受国务院或省政府特殊津贴、国家级或省级技能大师工作室带头人、获得省部级以上劳动模范表彰的高技能人才以及世界技能大赛国家集训选手和中国技能大赛优秀选手（国家级一类大赛前20名，国家级二类大赛前15名；省级一类大赛前5名，省级二类大赛前3名），可按国家有关规定直接通过考察的方式公开招聘到技工院校与所获技能奖项相关的岗位任教。

为促进职业教育事业发展和技能人才队伍建设，积极推动职业院校毕业生在参加事业单位招聘等方面与普通高校毕业生享受同等待遇，2021年人力资源社会保障部发布《关于职业院校毕业生参加事业单位公开招聘有关问题的通知》（人社厅发〔2021〕82号）。该文件明确有职业技能等级要求的岗位，可以适当降低学历要求，或者不再设置学历要求；以技能操作或技能指导履行职责任务的岗位，实际操作能力测试在考试中的比重原则上不低于50%；职业院校毕业生与普通高校毕业生同等享受艰苦边远地区基层事业单位公开招聘倾斜政策。

职业院校毕业生可以关注自身专业所在领域的事业单位及与专业相关的工作岗位。

（三）消防员

全国消防员招录工作由人力资源社会保障部、应急管理部主管，由应急管理部统一组织实施。2021年，人力资源社会保障部、应急管理部印发《国家综合性消防救援队伍消防员招录办法》（人社部发〔2021〕58号）指出，大学专科以上学历人员、解放军和武警部队退役士兵、具有2年以上灭火救援实战经验的政府专职消防队员和政府专职林业扑火队员，年龄可以放宽至24周岁；对消防救援工作急需的特殊专业人才，经应急管理部批准年龄可以进一步放宽，原则上不超过28周岁。

消防员招录工作有其特殊性，对年龄、身体和心理素质有更高的要求，但是对专业和学历的要求不高。就基本条件来说，学历只要求具有高中以上文化程度，对专业没有其他限制，年龄为18周岁以上、22周岁以下。对于符合特定条件的人员，年龄要求也可以放宽。

但需要注意的是，消防员面向社会公开招录，主要从本省级行政区域常住人口中招录，根据需要也可以面向其他省份招录。

四、随时代而变

近年来，新发传染病、极端气候事件等频繁出现，极大地影响了社会生活的方方面面。为确保人们的正常生活、工作，国家出台了许多相关政策文件，考生应当了解并持续关注社会环境对事业单位招聘的影响，并做好相应的准备。下面我们将以与事业单位招聘相关的政策文件为切入点，简要介绍当前事业单位招聘大背景。

（一）科技助力

在事业单位考试中利用现代技术，找到更加便利、高效的方式，是近年来公开招聘考试领域一直在探讨但并没有实质性突破的领域，但新冠疫情防控期间的客观条件，使得用人单位不得不想办法解决，也为公开招聘考试服务机构提供了创新机遇，促使线上招聘不断发展完善。

2020 年 1 月，人力资源社会保障部办公厅发布《关于切实做好新型冠状病毒感染的肺炎疫情防控期间事业单位人事管理工作有关问题的通知》，规定各地区事业单位公开招聘在疫情防控期间均改为网上组织或延期举行，暂停组织线下现场报名、笔试、面试活动，以减少人员聚集交叉感染风险。相关调整事项要及时以适当形式告知应聘人员并向社会公告。如确属工作急需组织公开招聘的，应落实卫生防疫要求，尽量采用电话、视频、互联网等非现场接触方式办理有关事项，相关体检、考察活动可延后开展。

目前，仍有不少事业单位选择采取线上招聘模式。从地区来看，据不完全统计，吉林、山东、湖南、广东、四川、新疆等数十个省份都有事业单位进行过线上考试。其中，山东、浙江、广东等省份选择线上考试的地区和单位相对较多。从招聘单位级别来看，从部委直属事业单位到各县（市、区）事业单位，都有选择采取线上招聘模式的。从考试类别来看，笔试、面试都有采用线上方式进行的，但线上面试比线上笔试多一些。

线上考试能够在事业单位招聘中占得一席之地，与其能够推动考试智慧化提质升级的优势密不可分。线上考试能实现涵盖考试节点推送、试卷跟踪、考务管理、绩效评价等各重点环节的立体智慧管控闭环，实现笔试、面试、电子化考试的全程智控。根据其独特优势，可以预期线上考试未来仍然会被部分单位采用。

目前，线上考试的形式很多，大致可以分为两类。

一类是专门的线上考试系统，比如"智试云""智考云"，类似的线上考试系统大多数是招考一体化的，既可以报名也可以进行笔试和面试，还可以提供阅卷、成绩查询等服务，使线上考试高效便捷。此外，这些平台多设有双摄像头监考和防作弊综合技术手段，考试系统、电脑屏幕和手机监控系统都会实时监控并录像，可以有效防止作弊行为。但是此类系统通常需要提前对考生进行系统使用培训或者在正式考试前进行模拟考试，要求考生能够找到合适的考试场所、拥有符合要求的考试设备和必要的网络条件。

另一类是办公用的会议平台、社交软件，这种形式无法满足线上笔试必要的监考要求，所以一般只用于线上面试。此类软件的优势在于使用方法简单，不需要额外的培训和设备；劣势则是在防作弊方面存在不足。

对考生来说，线上考试有利有弊。一方面，考生可以报考外地的招聘单位而无须把时间和金钱浪费在交通出行上，并且可以同时报考多个单位，有更大的选择空间，可以选择更适合自己的单位和岗位；另一方面，考生需要满足线上考试的设备、网络等硬件条件要求并能够使用线上考试系统。考生在参加线上考试时，应当额外注意相关要求并做好相应的准备。

（二）政策更新

很多因素可能会影响国家在某个阶段出台的与事业单位公开招聘考试相关的政策，比如国家发展需要、社会突发事件、人民群众期待等。因此，考生平时应当关注国家大事，了解国家相关政策的最新变化，思考这些变化对国家、社会、个人的影响，并做好相应的准备。

受经济形势变化等影响，近年来高校毕业生的就业压力较大。为此，国家出台了相关文件，提出加大事业单位面向高校毕业生的公开招聘力度；要组织指导事业单位及早发布招聘公告，公布岗位数量和岗位条件，及时为高校毕业生应聘提供岗位信息，增加就业机会；要积极鼓励和引导高校毕业生到艰苦边远地区基层事业单位工作；积极鼓励和引导高校毕业生参加"三支一扶"基层服务项目计划。

此外，随着观念的改变，社会公众对学前教育、基础教育问题愈加关注，国家也出台文件鼓励引导更多高校毕业生到基层中小学幼儿园任教。

2021 年，人力资源社会保障部办公厅、教育部办公厅印发的《关于做好2021 年中小学幼儿园教师公开招聘工作的通知》（人社厅发〔2021〕27 号）指出，促进高校毕业生到中小学幼儿园就业，落实基层事业单位公开招聘倾斜政策，进一步鼓励和引导更多高校毕业生到基层中小学幼儿园任教。要摸清不同学校的岗位需求，精准招聘所需学科教师，特别是要按照国家要求和学校需求，有针对性地加强思想政治、音乐、体育、美术、科学、劳动、特殊教育等紧缺学科教师招聘补充；重点加大幼儿园教师补充力度；加大力度补充普通高中紧缺学科教师。科学合理设置招聘条件，应要求符合《中华人民共和国教师法》《教师资格条例》等法律法规规定的学历标准、普通话水平、身体条件和心理条件，取得中小学、幼儿园教师资格证书，符合新时代中小学、幼儿园教师职业行为十项准则要求，无刑事犯罪记录和其他不得聘用的违法记录。深入实施"特岗计划"，精心分配计划，优化待遇保障。各地可结合实际在国家通用语言教育基础薄弱的"三区三州"等民族地区，探索开展学前教育阶段"特岗计划"试点。积极引导高校毕业生到乡村学校任教。在坚持公开招聘基本制度的基础上，适当放宽国家乡村振兴重点帮扶县的乡村中小学幼儿园招聘条件，可以拿出一定数量岗位面向本县市或者周边县市户籍人员（或者生源）招聘；招聘本科以上高校毕业生，可以结合实际情况，采取面试、直接考察的方式公开招聘，也可以根据应聘人员报名、专业分布等情况适当降低开考比例，或不设开考比例，划定成绩合格线。

由上述信息可知，近年来高校毕业生就业形势严峻，但国家非常重视高校毕业生就业情况。可以推测，相关部门还将会出台很多关于促进高校毕业生就业的政策文件。因此，高校毕业生平时需要多关注国务院、人力资源社会保障部、教育部等部门的新闻、动态，了解并利用好政策，找到合适的工作。

国家是鼓励高校毕业生进入基层、进入基础教育行业、前往艰苦地区的，高校毕业生前往基层中小学幼儿园、乡村学校会有额外政策倾斜，还可以选择参加"特岗计划"（中央实施的一项对中西部地区农村义务教育的特殊政策），并且对思想政治、音乐、体育、美术、科学、劳动、特殊教育等紧缺学科和普通高中紧缺学科教师的招聘力度会更大。为此，这些地方、单位也很有可能制定相应的招聘政策，考生应当多了解这些政策，以便找到更适合自己实际情况的单位、岗位。

中小学幼儿园教师招聘应当设定的条件包括学历层次、普通话水平、身体条件和心理条件，取得中小学幼儿园教师资格证书、无刑事犯罪记录和特定违法记录。为此，想成为中小学幼儿园教师的考生应当提前准备好相关的证书，确保自己满足招聘条件。

第二节　与事业单位有关的人才选拔类型

参与事业单位考试并为之做好充分准备，是一项需要恒心、耐心、意志力的长期工程。从研究各类招考公告到翻阅职位表格，从匹配自己可报的岗位到筛选条件的查找，从笔试到面试，每一个步骤都需要谨慎对待、认真处理。

在报名考试之前，考生需要对事业单位的选拔方式有较深入的了解，知晓事业单位人才选拔的种类以及相关的信息。

一、事业单位公开招聘：我可以报考哪场考试

事业单位的考试按形式来分，可以划分为全国范围内的事业单位联考、全省范围内事业单位的省统考，以及省直、市直、事业单位直招等。

（一）全国范围：全国事业单位联考

全国事业单位联考指的是我国多个省份的事业单位共同商议，采取相同的评卷标准，在相同的时间，考核相同内容的联合考试。

近年来，全国事业单位联考基本保持着一年两次的频率。从考试时间来看，一般为每年的 3~5 月和 8~11 月，招考公告一般在 1~4 月和 6~9 月发布；从参与省份看，上半年参加联考的省份通常比下半年多一些。但是参加联考的省份不完全相同，最初参与事业单位联考的省份只有内蒙古和浙江，经过一段时间的发展和探索，广西、云南、湖北、青海、甘肃、贵州等多个省份也陆陆续续加入了全国联考队伍中。

此外，参与全国事业单位联考的省份，其涵盖的具体招考的事业单位不一定相同，所招考的岗位和设置的报考条件也有差别，需要考生具体研读招考公告，但总体的方向与国家的相关政策保持一致，听从国家的统一指导安排。

全国事业单位联考有两个阶段，第一个阶段是笔试，考试科目分别为《职业能力倾向测验》和《综合应用能力》。其中，《职业能力倾向测验》的

考试时间为 90 分钟，《综合应用能力》的考试时间是 120 分钟。《职业能力倾向测验》和公务员考试科目《行政职业能力测验》十分相似，通常只是考试的题量和题目的难度不同，而《综合应用能力》考查的涵盖面较广泛，包括政治、文化、经济、历史、哲学、时事新闻等方面的内容。此外，如果是对专业技能有一定要求的岗位，还会包含一定数量的专业题目，根据具体情况而定，没有统一的标准。

小贴士：全国事业单位联考详情示例

笔试科目及时间、地点

1. 时间：2024 年 3 月 30 日（星期六）上午

2. 科目：08：30—10：00 职业能力倾向测验

　　　　10：00—12：00 综合应用能力

3. 地点：详见准考证

（资料来源：《湖北省省直事业单位 2024 年统一公开招聘工作人员公告》，略有改动。）

第二个阶段是面试，面试包含结构化面试、无领导小组讨论等形式，如果是教师岗位面试，也会使用说课考查形式。公开招聘过程中，资格审查、笔试、面试、考核等一系列环节的进展情况，都应当面向社会公布，保障公开招聘实施过程的透明度。

对于考生而言，全国事业单位联考相较于其他考试来说，考情十分稳定，考生在备考过程中也可以参考往年的考试内容，做好充分的准备。此外，全国事业单位联考因为是各省联合统一组织的大型考试，所以招录人数一般较多，考生"上岸"概率更高。而且参与联考的事业单位提供的招考岗位多数是有正式编制的岗位，所以考生参与联考，加入正式编制的机会也更多。综上所述，全国事业单位联考是很值得考生全力准备、积极参与的考试。

小贴士：什么是事业编制?

所谓事业编制，即事业单位所使用的人员编制，编制的内容通常包括编制数额、人员结构比例、领导职位设置及职数等。由此可见，事业编制不仅包含众多信息，且具有严格的核定标准，同时又与所属单位的级别、业务量等因素息息相关，不可随意增减。

事业单位编制外用工是指由事业单位使用并承担相关费用，履行一定岗位职责，但不纳入事业单位编制内管理的工作人员。通常在事业单位现有在编人员无法满足实际工作需要或短期内无法新增事业编制人员的前提下，事业单位会招聘和使用此类人员。

（二）全省①范围：事业单位统考

事业单位统考是指在全省范围内，由省内各个招考单位的人事部门委托所在市人事考试机构，由市人事考试机构统一报省人事考试院（省直单位可直接报省人事考试院），统一组织实施的招聘考试。

一般来说，事业单位统考的考试时间是相同的，所考试卷也是相同的。不过，也有部分单位采用自主命题的方式，按具体的招考公告细节而定。例如，近两三年来，江苏、山东等省份的事业单位统考，采用的就是统一试卷、统一时间，而四川省的事业单位考试，其各个地市的考试虽在同一时间内进行，但是考核的内容各有不同，属于比较特殊的省内"统考"。

省直属事业单位，简称省直事业单位，指的是直属于省级人民政府或者省政府组成部门的事业单位，由省财政拨款；同理，市直属事业单位，简称市直事业单位，一般指的是由市财政拨款的事业单位，包括公办的各类医院、科研院所以及学校等。二者类似于公务员体系中的省直和市直公务员，通过省直事业单位、市直事业单位考试进入相应单位工作的考生，其人事组

---

① 本书中的"省"，指的是省级行政单位，包括省、自治区、直辖市。

织关系分别属于省级事业单位、市级事业单位，但是其工作地点可能和人事组织关系所在地点不一致，有可能在村镇或者县城。

省直事业单位考试一般由省人社部门统筹组织，在全省范围内的多个地市，于统一时间使用统一试卷进行。例如，浙江省、江苏省就是这样的。各省之间省直事业单位考核的内容种类和科目会有所差别，比如江苏省事业单位统考的科目是《综合知识和能力素质》，考核的内容为公共基础知识和职业能力测试以及一部分的专业题目，题型既有客观题也有主观题。具体考试科目和内容，需要以各省具体的考情为准。

📖 小贴士：事业单位考试笔试科目简介

2024年江苏省省属事业单位考试中，管理类岗位、通用类专业技术岗位、工勤技能类岗位的笔试科目均为《综合知识和能力素质》，但考试内容各不相同。

经济类中会计、审计岗位的笔试试卷相同，统计和其他经济类岗位的笔试试卷相同；"其他专技类"岗位与管理类岗位的笔试试卷相同。各招聘岗位的类别见《招聘岗位表》中"岗位类别"栏。

（资料来源：《江苏省2024年省属事业单位统一公开招聘人员公告》，略有改动。）

市直事业单位的考试和事业单位直招考试在每年的事业单位招考中所占比重较高，这一类考试的突出特点就是数量多，各省市每年都有数千家独立招聘工作人员的事业单位发布招考公告，每个单位、每个岗位的考试内容可能都不一样，所以考生复习时需要更加仔细地研读相关公告，找准定位和复习内容，有针对性地做考试准备。不过也无须过多担心，虽然这类考试考查科目和内容不完全一致，但作为事业单位的公开招聘考试，其内容大部分还是围绕着公共基础知识、职业能力测试以及写作等几个大方向，所以打好基础十分重要。

（三）事业单位联考考试科目

人力资源社会保障部人事考试中心每年会发布相应的事业单位公开招聘分类考试公共科目笔试考试大纲。

根据考试大纲所列内容以及事业单位对于不同岗位工作人员的个人能力以及专业素质的不同要求，事业单位联考的公开招聘考试科目，笔试内容分为五个类别，分别是 A 类综合管理类、B 类社会科学专技类、C 类自然科学专技类、D 类中小学教师类和 E 类医疗卫生类。其中，A 类综合管理类科目，以行政性、事务性和业务管理为主的事业单位岗位适用；B 类社会科学专技类科目，人文社科类专业技术事业单位岗位适用；C 类自然科学专技类科目，自然科学类专业技术事业单位岗位适用；D 类中小学、幼儿园、特殊教育学校等教育机构的教师岗位适用；E 类医疗卫生类科目，医疗卫生机构的专业技术岗位适用。

二、事业单位选调

事业单位选调指的是从本单位之外的事业单位中，将有事业编制的工作人员选调到目标事业编制单位工作的过程，这种选调可以是平调，也可以是升调。需要满足的前提条件是，首先选调人才的单位要有空余编制，其次调用的外单位人员本身也需要有事业编制，并且应通过公开竞选，择优录用。

每个单位具体的选调要求和细节信息各有不同，需要考生仔细查阅单位公告和岗位要求，部分事业单位还会要求参加选调人员所在的单位与选调单位是同类、同性质的事业单位。目前，事业单位选调是各个事业单位解决工作人员紧缺、引进优质人才的方式之一。

注意：参加事业单位选调的人员，本身是有事业编制的，只是从一个部门调到另一个部门而已！

三、事业编制转为公务员编制的方式

第一种方式为自身上升至副处级以上职务，然后转岗至行政机关，这种方式虽然理论上可行，但是对大部分普通事业编工作人员来说是不太实际的，基层事业编工作人员很难通过这种方式转为公务员。

第二种方式是从事业单位调任到行政机关。目前而言，科级以下职员只能通过这种方式实现转换。根据政策来看，《中华人民共和国公务员法》明确规定国有企业、事业单位的在职在编人员可通过调任的方式调到行政机关工作，担任副科级以上领导职务，从而从事业编制转为公务员编制。然而这种调任的方式，对于被调任人的要求十分严格，对学历、年龄、接收单位具体情况等都有限制，具体实施起来也十分困难。

第三种方式是针对偏基层的事业单位而言的，比如乡镇事业单位的人员可以通过参与乡镇换届选举从事业编制转为公务员编制。乡镇事业单位的工作人员，如果通过选举成为当地的副乡长、副镇长等，就可以转为公务员编制。

总的来说，从事业编制转为公务员编制的渠道是有的，但每一条都需要经过漫长而严格的考验，方能成就理想。在现实生活中，具备上述种种条件的人也有很多，但事业单位编制人员基数庞大，而公务员编制十分紧缺，从事业编制转为公务员编制的手续烦琐复杂，真正能转编成功的人少之又少。考生如果想通过考取事业编转公务员编制，需要慎之又慎。

🔖 小贴士：《中华人民共和国公务员法》交流与回避条款

第十一章 交流与回避

第六十九条 国家实行公务员交流制度。

公务员可以在公务员和参照本法管理的工作人员队伍内部交流，也可以与国有企业和不参照本法管理的事业单位中从事公务的人员交流。

交流的方式包括调任、转任。

第七十条 国有企业、高等院校和科研院所以及其他不参照本法管理的事业单位中从事公务的人员，可以调入机关担任领导职务或者四级调研员以上及其他相当层次的职级。

调任人选应当具备本法第十三条规定的条件和拟任职位所要求的资格条件，并不得有本法第二十六条规定的情形。调任机关应当根据上述规定，对调任人选进行严格考察，并按照管理权限审批，必要时可以对调任人选进行考试。

（资料来源：《中华人民共和国公务员法》。）

四、事业单位招聘考试与公务员考试的异同

虽然事业单位招聘考试和公务员考试都包括公开招聘／录用考试、遴选、选调，但是遴选和选调（除公务员选调生外）都是针对有一定工作经历的考生，因此，此部分将重点对比事业单位公开招聘考试与公务员录用考试的异同。

下面将根据《公务员录用规定》和《事业单位公开招聘人员暂行规定》，以招录考试流程为线索，用图表的形式呈现两者的异同（见表2-1），考生可以重点关注表格最后一栏的"解读及建议"。

表 2—1　事业单位公开招聘考试与公务员录用考试的异同

流程		事业单位公开招聘	公务员录用考试	解读及建议
管理机构	主管	主管机关：政府所属事业单位由政府人事行政部门主管；指导、监督和管理：政府人事行政部门与事业单位的上级主管部门	综合管理工作：全国公务员由中央公务员主管部门主管；各省级公务员由省级公务员主管部门主管；必要时，省级公务员主管部门可以授权设区的市级公务员主管部门组织本辖区内公务员的录用考试	事业单位招聘和公务员录用由不同机构主管，所以考生在查找相关政策文件时需要前往对应平台：事业单位主管部门为人力资源和社会保障部门，公务员主管部门为国家公务员局、各省公务员局；在招聘时，事业单位用人有更大的自主权，可以根据单位实际情况从上到下层层组织，而公务员录用则需从上到下层层管理，所以在参加事业单位公开招聘时，需要特别注意事业单位自己发布的招聘公告
	具体实施	公开招聘由用人单位根据招聘岗位的任职条件及要求，采取考试、考核的方法进行；事业单位可以成立由本单位人事部门、纪检监察部门、职工代表及有关专家组成的招聘工作组织，负责招聘工作的具体实施	设区的市级以下公务员主管部门按照省级公务员主管部门的规定，负责本辖区内公务员录用的有关工作；招录机关按照公务员主管部门的要求，负责本机关及直属机构公务员录用的有关工作；公务员录用有关专业性、技术性、事务性工作可以授权或者委托考试机构以及其他专业机构承担	
招聘岗位		事业单位新进人员除国家政策性安置，按干部人事管理权限由上级任命及涉密岗位等确需使用其他方法选拔任用人员外，都要实行公开招聘	各级机关录用担任一级主任科员以下及其他相当职级层次的公务员	事业单位采用公开招聘的岗位更多，考生可选择空间更大，需要注意的是，事业单位的工作人员和公务员的职级、晋升途径、工作内容等不一样，不要以为谁一定比谁级别高、待遇好

续表

流程	事业单位公开招聘	公务员录用考试	解读及建议
招聘程序	制定招聘计划; 发布招聘信息; 受理应聘人员的申请,对资格条件进行审查; 考试、考核; 身体检查; 根据考试、考核结果,确定拟聘人员; 公示招聘结果; 签订聘用合同,办理聘用手续	(录用公务员,应当在规定的编制限额内,并有相应的职位空缺) 发布招考公告; 报名与资格审查; 考试; 体检; 考察; 公示; 审批或者备案	从招聘程序来看,事业单位公开招聘和公务员招录没有太大区别,只是公务员招录在体检完成后有"考察"环节,而事业单位不一定有
报考基本条件 肯定性条件	具有中华人民共和国国籍; 遵守宪法和法律; 具有良好的品行; 岗位所需的专业或技能条件; 适应岗位要求的身体条件; 岗位所需要的其他条件。 注: 面向社会,凡符合条件的各类人员均可报名应聘; 不得设置歧视性条件要求	具有中华人民共和国国籍; 年龄为十八周岁以上,三十五周岁以下(经批准可以调整); 拥护中华人民共和国宪法,拥护中国共产党领导和社会主义制度; 具有良好的政治素质和道德品行; 具有正常履行职责的身体条件和心理素质; 具有符合职位要求的工作能力; 具有大学专科以上文化程度(经批准可以调整); 省级以上公务员主管部门规定的拟任职位所要求的资格条件; 法律法规规定的其他条件。 注: 某些特定岗位应当取得法律职业资格,不得设置与职位要求无关的报考资格条件	两者都规定了一些基本条件,但是公务员在年龄、政治素质、文化程度方面的要求更严格并且因为事业单位涉及面广,每个单位实际情况不一样,所以用人单位将肯定性条件细化,因此在看招聘公告时,更需要重点关注其中的第4、第5、第6点;值得注意的是,虽然《事业单位公开招聘人员暂行规定》里没有明确规定事业单位招聘的否定性条件,但是在实际操作过程中,不少事业单位也会参考公务员招录相关要求,因此考生应当特别注意招聘公告中是否有否定性条件

续表

流程		事业单位公开招聘	公务员录用考试	解读及建议
报考基本条件	否定性条件	无明确规定	下列人员不得报考： 1. 因犯罪受过刑事处罚的； 2. 被开除中国共产党党籍的； 3. 被开除公职的； 4. 被依法列为失信联合惩戒对象的； 5. 有法律规定不得录用为公务员的其他情形的	
考试时间	全国联考	频率：一年两次； 招聘公告发布时间：一般在1~4月和6~9月； 考试时间：一般3~5月和8~11月； 参与省份：上半年参加联考的省份通常比下半年多。	频率：一年一次； 招聘公告发布时间：一般在10月； 考试时间：一般在11月底或12月初； 招录机关：中央机关及其直属机构	1. 全国联考和省考的时间都相对固定，虽然各省时间完全不一致，但是也比较集中，因此考生应当选择最适合的岗位报名，避免考试冲突。 2. 需要注意的是，还有很多事业单位是独自进行公开招聘考试的，并不参与全国联考和省考，因此如果有意愿进入某事业单位，不仅需要关注当地人事网站，还需要关注各招聘单位公告
	省考	频率：一年一次和一年两次的都有； 招聘公告发布时间：最早的报名时间是1月和2月，大部分在3月及之后。上半年集中在3~5月，下半年集中在9—10月； 考试时间：通常为招聘公告发布后一个月	频率：大部分省份一年考一次，极少部分省份一年考两次； 招聘公告发布时间：一年一次的省考一般在3月报名；考两次的省考一般上半年在3月报名，下半年在10月报名； 考试时间：通常为招聘公告发布后一个月	

续表

流程		事业单位公开招聘	公务员录用考试	解读及建议
考试内容	全国联考	笔试:《职业能力倾向测验》和《综合应用能力》,对专业技能有一定要求的岗位还会包含一定数量的专业科目;面试:结构化面试、无领导小组讨论等形式,教师可能会有试讲、说课	重点测查用党的创新理论指导分析和解决问题的能力;主要测查从事公务员工作应当具备的基本能力和基本素质;公共科目笔试分为《行政职业能力测验》和《申论》两科,全部采用闭卷考试的方式;《行政职业能力测验》为客观性试题,试题分为政治理论、常识判断、言语理解与表达、数量关系、判断推理和资料分析等部分;《申论》试卷按照中央机关及其省级直属机构综合管理类,市(地)级以下直属机构综合管理类和行政执法类三类职位,分别命制试题	事业单位考试内容相比公务员考试内容更多变、一地一试,但是究绕不开全国联考、省考的内容和形式,所以考生在备考时,一方面要关注报考岗位给出的考试内容大纲,另一方面可以了解全国联考、省考的考试内容及趋势
	省考	省考内容和科目各省之间会有所差别,各单位独立招聘的,每个单位、每个岗位,考试的内容都可能不一样;但是总的来看普贴近全国联考的内容和形式,也会参考国家国家公务员考试内容;《公共基础知识》《职业能力倾向测验》《行政职业能力测试》及专业考试等都会有		
体检要求		无专门的事业单位体检标准	要求特别详细,具体参照《公务员录用体检通用标准(试行)》《公务员录用体检特殊标准(试行)》《公安机关录用人民警察体能测评项目和标准(暂行)》	通常来说,事业单位的体检参照《公务员录用体检通用标准(试行)》执行

流程	事业单位公开招聘	公务员录用考试	解读及建议
考察	对通过考试的应聘人员，用人单位应组织对其思想政治表现、道德品质、业务能力、工作实绩等情况进行考核，并对应聘人员资格条件进行复查	进行报考资格复审和考察：报考资格复审主要核实报考者是否符合规定的报考资格条件；考察工作突出政治标准；考察方式：采取个别谈话、实地走访、严格审核人事档案、查询社会信用记录，同考察人选面谈等方法（具体可参考《公务员录用考察办法（试行）》）	事业单位的考察相对公务员考察来说更简单一些，但两者都会对报名资格进行复查，并进一步考察思想政治情况
考试违纪	此部分两者相差不大，且此前已对事业单位相关规定进行了详细介绍，故在此不再赘述；考生无论参加何种考试，都不应该使用投机取巧的方式！		
回避	此前已经提到，事业单位考试中需要回避的亲属关系及地域回避，即：公务员不得在本人成长地担任县（市）领导职务，担任县（市）纪委监委、组织部门、法院、检察院、党委和政府主要领导职务；一般不得在本人成长地担任市（地、盟）纪委监委、组织部门、法院、检察院、公安部门主要领导职务	公务员录用在此基础上。公务员录用在此基础上，党委和政府主要领导担任县（市）党委和政府主要领导，法院、检察院、公安院、党委和政府主要领导职务，担任市党委和政府主要领导职务、公安部门主要领导职务	事业单位的回避情境比公务员回避情境少。事实上，不少事业单位倾向于招聘本地户籍人员

第三节　事业单位招聘考试的一般流程

事业单位招聘考试第一堂必修课：一般考试流程[①]。一般考试流程主要包括报名、考核、体检和考察、公示和聘用等环节。

（一）"长征"第一步——如何报名

登录招聘单位指定的报名网站[②]，如实准确填写、提交个人相关信息资料[③]。特别提示：和数字有关的信息，如身份证号、出生日期、毕业时间、联系电话等，千万要核查清楚。若出现信息错误，需后期更改，费时费心，甚至直接影响考试。

考生提交个人相关资料后，招聘单位会进行资格初审，并公布初审结果。初审通过，方可参加考试。报名资格一经招聘单位初审通过，不能更改。也有个别地区将资格初审放在笔试或面试后、确定最终入围人选前。

> 划重点！——报名时与考试时使用的身份证必须一致。未按时缴费会被视作弃考哟！

---

① 具体考试流程请参考各事业单位招聘公告。
② 部分地区采取现场报名。
③ 各个单位采集的个人信息内容有所不同。

通过资格初审的考生，要在规定时间内登录相关网站，进行网上缴费。缴费成功后，即可下载、打印各种表格和准考证。

留心！你的面试资格可能会被取消！

在面试人员名单确定之后，需按招聘信息公布的要求，向招聘单位提交本人相关证明材料。取得面试资格的应聘人员在面试前3天仍未向招聘单位提交有关材料的，则视为弃权。

特别提示：经审查不具备报考条件的，经主管机关核准后，将被取消面试资格。同时，因弃权或取消资格造成的空缺，按笔试成绩依次递补。

（二）1分钟快速了解笔试和面试

笔试采用百分制。笔试设定最低合格分数线[①]，达到合格分数线，方可获得进入面试的资格。

笔试成绩公布后，招聘单位根据招聘计划和招聘岗位由高分到低分按比

---

① 具体分数线由招聘单位根据应聘人数和考试情况确定。

例依次确定面试人选，由招聘单位公布并通知本人。面试结束后，按笔试成绩和面试成绩计算应聘人员考试总成绩[1]。笔试成绩、面试成绩、考试总成绩一般会计算到小数点后两位数，尾数四舍五入。根据考试总成绩，确定进入体检和考察范围的人选。

> 出现这些"空缺"，怎么处理？
> 某岗位参加笔试的考生都没有达到最低合格分数线——取消该岗位的招聘计划。
> 确定的面试人选未达到规定招聘比例——面试人选按实有合格人数确定。
> 考察、体检不合格导致人员空缺——从其他进入同一岗位考核范围的人员中依次等额递补。

---

[1] 同一招聘计划应聘人员出现总成绩并列的，按笔试成绩由高分到低分确定人选。

（三）最容易大意的一关——体检和考察

按照招聘岗位，根据应聘人员考试总成绩，由高分到低分确定进入体检和考察范围人选，并依次等额组织体检和考察。根据实际需要，既可先进行考察也可先组织体检。体检标准参照公务员录用体检通用标准执行，国家另有规定的从其规定。

（四）通过"报名、考核、体检和考察"三关后，最后一步也要稳稳当当

经报名、考核、体检和考察合格的拟聘用人员，公示无异议的，由聘用单位或其主管部门提出聘用意见，报人社部门备案。符合聘用条件的，由人社部门发放《事业单位招聘人员通知书》，凭《事业单位招聘人员通知书》办理调动、派遣等相关手续，双方按规定签订聘用合同，确立人事关系。

你的试用期可能会是多久？

受聘人员按规定实行试用期制度，期满合格的正式聘用，不合格的解除聘用合同。根据《事业单位人事管理条例》，初次就业的工作人员与事业单位订立的聘用合同期限在3年以上的，试用期为12个月。

第四节 事业单位招聘考试趋势及最新情况

深入实施新时代人才强国战略要求全方位培养、引进、用好人才。事业单位招聘考试是国家选人用人工作中的重要一环。近年来，事业单位不断创新体制机制，稳妥推进人事制度改革，招聘考试的制度、程序、方法日趋完善。

一、事业单位招聘考试发展趋势

趋势一：整体呈现向基层岗位倾斜态势

目前，事业单位联考一般每年两次，上下半年各一次。在联考中，应届生和往届生都受到关注，上半年招录主要面向高校应届毕业生，下半年招录主要面向往届生和不限制工作经验的考生。为推动青年人才健康成长，改善基层人才队伍结构，推动城乡和区域协调发展，并为推进乡村振兴战略提供坚实人才支撑，在国家引导和鼓励高校毕业生到基层就业的政策导向下，事业单位基层岗位持续扩招，并充分向高校应届毕业生倾斜，扩大招聘入口。

2020年，中央组织部办公厅、人力资源社会保障部办公厅印发的《关于应对新冠肺炎疫情影响做好事业单位公开招聘高校毕业生工作的通知》（人社厅发〔2020〕27号，以下简称《通知》）明确，加大事业单位面向高校毕业生的公开招聘力度，2020年和2021年事业单位空缺岗位主要用于专项招聘高校毕业生（含择业期内未落实工作单位的高校毕业生）。《通知》发布后，各地事业单位积极响应，结合实际情况科学设置了面向高校毕业生的招聘岗位比例。可见，国家统筹高校毕业生就业的政策规定在很大程度上影响事业单位招聘考试的规模、计划和招录条件等。

趋势二：招录条件有所放宽，注重匹配型人才的选拔

近年来，在以品德和能力为导向、以岗位需求为目标的人才选用机制下，事业单位公开招聘不断强化正确的选人用人理念，破除唯名校、唯学历的用人导向。我们看到，在全国各地事业单位公开招聘资格条件要求中，对

毕业院校、国（境）外学习经历、学习方式等均不设限制性条件。招聘条件亦有所放宽，事业单位根据招考岗位职责和任职条件设置报考限制条件，对于一些专业技能要求不高的岗位往往不限专业，不仅为专业不符合相关岗位招录条件的考生提供了机会，也充分彰显了公平用人理念，拓宽了人才的筛选面。也有一些乡镇基层岗位招聘不限制学历、专业和户籍，保障了各类考生参加事业单位公开招聘的合法权益，为他们提供了平等竞争的机会。

趋势三：基于岗位胜任能力差异化，分类考试是必然

事业单位出现岗位空缺需要聘用工作人员时，应当面向社会公开招聘，并坚持统一规范、分类指导、分级管理的原则。基于此，考试成为事业单位选人用人的重要环节和方式，考试的公平性和科学性也越来越受到重视。那么如何才能通过考试筛选出匹配的人才？结合行业、岗位及专业特点的分级分类考试正是优化考试方式、提高招聘效果的有益创新与尝试。

从行业来看，事业单位广泛分布在教育、科研、勘察设计、勘探、文化、卫生、体育、新闻出版、农林牧渔、交通运输、气象、地震、海洋、环保、测绘、信息咨询、标准计量、知识产权、进出口商检、城市公用、物资仓储、社会福利、经济监督等领域。从岗位来看，事业单位岗位分为管理岗位、专业技术岗位和工勤技能岗位，三类岗位的工作职责和胜任能力要求差异性显著。从专业来看，基于行业及三类岗位的不同工作特点，事业单位招聘广泛涉及哲学类、公共管理类、卫生管理类、社会学类、经济管理类、经济学类等多个专业学科类别。

面对不同行业、岗位、专业的差异，以及不同招聘岗位对考生能力素质的不同要求，事业单位联考自 2015 年开始实行分类考试，将公共科目笔试分为综合管理类（A 类）、社会科学专技类（B 类）、自然科学专技类（C 类）、中小学教师类（D 类）和医疗卫生类（E 类）五个类别，提取了不同类别岗位的共性胜任能力要求，并兼顾不同报考专业的特点，对五类公共科目考试内容进行了科学界定。这充分体现了"人适其事、事宜其人"的招考原则，增强了考试的针对性和科学性，对促进高质量就业、实现事业单位选人用人考试评价目标、维护社会公平正义具有重大意义。

趋势四：对标"德能勤绩"考核，政治素养考察日益突出

通过考试，事业单位希望筛选出什么样的人才？以德为先、德才兼备，是我党选人用人的一贯标准。事业单位在进行人才选拔和考核时，要严把政治关、品行关、作风关、廉洁关[①]。目前对事业单位工作人员的考核，以其岗位职责和年度工作任务完成情况为基本依据，全面考核德、能、勤、绩等方面表现，重点考核工作实绩。其中，"德"主要考核政治思想表现和职业道德表现。在事业单位选人用人观中，崇高的道德精神与扎实的能力本领是重要评价标准，也是考察和评价队伍建设成效的重要标尺。基于此选人用人标准，近年来，在事业单位公开招聘考试中，无论是综合管理岗还是业务专技岗，考查考生政治素养的试题数量占比有所提高，要求考生深刻学习和理解习近平新时代中国特色社会主义思想，并运用到解决实际工作问题的过程中。

趋势五：命题体现时代特征，重多维综合考察，实务性增强

考试命题怎样才能考查出需要测评的知识、技能、能力、品德等要素？综观事业单位公开招聘考试不难发现，命题的时代性、多维性、综合性、实务性、创新性不断增强。命题多以贴近时代、贴近社会、贴近生活的情境或素材为载体。在笔试和面试试题中，反映时代发展、人民生活、科技进步、社会热点等方面的题材被广泛应用。与评价一个人需要从多角度展开类似，事业单位公开招聘考试考查的内容也在不断丰富。这种多维度、综合性不仅体现在考试科目和内容的设置上，也体现在每道试题的设计中。实务操作在各类考试中都是不容忽视的重要方面，在事业单位招考命题中则体现得尤为明显。由于事业单位是从事教科文卫等活动的社会服务组织，是专业技术人员的主要聚集地，对日常工作的分析判断能力、贯彻执行能力直接关系到工作任务的完成效果，因此招聘考试命题必然要侧重对实务性工作的考查，注

---

① 王凤青：《弘扬公道正派的共产党人价值观》，《光明日报》，2018 年 6 月 12 日 06 版。

重理论与实践的紧密结合。也不难看到，各地在自主组织的招聘考试中，试题和当地省情、市情、区情等结合较为紧密，大国情与小地域特点都在试题中得到体现。

此外，以具体的笔试考题来说，法律方面考查的深度与广度近年来有所提高，案例分析题和综合分析题越来越多地采用了客观题的形式进行考查。从难易程度的分布来看，容易题约占50%，中等难度题约占30%，难题约占20%，这一难度配比会根据当次招录的具体要求、竞争比作出优化调整。对于面试命题，其灵活性、创新性日益增强，这不仅体现在试题内容因面试形式的不同而丰富多样，也体现在试题呈现的形式新颖多变。虽然试题考查的核心要义不变，但在改变试题套路化、程式化方面一直在追求突破。

趋势六：探索创新招聘方式，不断提高人才招聘精准性

绝大多数事业单位是以脑力劳动为主体的知识密集型组织，可以说事业单位聚集了教育、卫生、文化、科研等领域的大量专业技术人才。加强事业单位人才队伍建设，实现真正有效的人岗匹配，对国民经济和社会发展有着深远影响。近年来，在国家政策要求下，不同地区因地制宜，结合不同行业、不同岗位实际特点与用人需求，积极探索创新招聘模式，完善选拔任用机制，切实提高事业单位人才招聘的精准性、科学性。尽管事业单位公开招聘考试存在地区差异，但有一些基本点是相通的。第一，统一公开招聘是事业单位聘用人员的主要方式，由人社部门统一征集招聘计划、统一发布招聘公告、统一组织招聘考试。第二，事业单位公开招聘自主权进一步扩大，高等院校、科研院所、公立医院等事业单位，在本单位编制总量范围内，可自主按照增人用编计划和招聘方案实施招聘工作。第三，专项招聘、高层次人才招聘、紧缺人才招聘是统一公开招聘工作的重要补充。为满足用人需求，多地为高层次、急需紧缺专业人才招聘建立绿色通道，下放自主招聘权，精简了招聘计划发布与审核环节。第四，考核方式多样化，坚持"以事择人"的工作导向，按照"干什么、考什么"的原则，采取笔试、面试、试讲、实际操作、技能测试等多种考查方式，针对性设置考试方式和内容。

以教师公开招聘考试为例。近年来国家下发相关政策文件，强调要严格教师准入，提高入职标准，重视教师思想政治素质和业务能力，提高教师队伍的专业素质及职业能力。考取中小学教师资格证的学历要求也进一步提高。因此，教师公开招聘考试考察日趋综合化，这种综合化一方面体现在考试方案设计和录用环节的设置上，另一方面直接体现在考试试题的设置上。除笔试、面试、试讲外，也有不少地区将线上心理素质测评结果作为录用参考，甚至有地区将线上心理素质测评结果按一定比重纳入考生最终总成绩。此外，为了挑选出真正能胜任一线教育教学工作的教师，保障日常教育教学质量，多个地区开始实行"面试前置"，即先"技能测试、模拟讲课"，再笔试的招聘方式。可以预见，教育、卫生等领域事业单位招聘考试工作，将适应新时代对教育工作者、卫生工作者等专业技术人才队伍建设的新要求，不断探索创新招聘方式。但万变不离其宗，基于岗位胜任力模型的人才筛选模式、基于人岗匹配的招聘用人标准，是事业单位招聘考试工作开展的底层逻辑。对于考生而言，了解应聘岗位的工作职责与核心胜任力要求，清楚认知自身的能力素质现状，比对差距，扬长避短，有计划地补齐短板，才是成功"上岸"的根本之策。

但值得注意的是，一些地区教师招聘开始采用聘用制，例如某地公开招聘骨干教师，其中写明"本次招聘的教师实行参照事业单位聘用制人员管理"。还有一些地区开始探索建立中小学教师退出机制，对聘期内年度考核不合格的教师，聘期结束后学校可不再续聘，或降低岗位等级、调整岗位聘用。考生在报考时，要留意这些信息。

二、电子化考试怎么考

随着信息技术的发展，电子化考试形式得到越来越广泛的应用，在不同类型考试中，尤其是职业资格考试、专业技术人员资格考试已应用多年。近两年，在全国多地事业单位招聘考试中，笔试和面试也越来越多地采用了电子化考试形式。

（一）电子化考试与纸笔考试并行是未来趋势

电子化考试不局限于固定场所，能够实现跨地域的同步考试，减少考试组织、考场监考、试题印刷与押送、阅卷等环节的人力物力财力消耗，缩减考试流程，有效提高考试效率，降低考试成本。此外，智能阅卷技术的发展、智能评测与考后数据分析技术的加持，使电子化考试的天然优势日益凸显。鉴于不同考试的需求、规模、场次和考务组织要求存在差异，未来电子化考试与传统纸笔考试并行的趋势越来越明显。

（二）电子化考试的特点

电子化考试与传统纸笔考试相比，在对考生能力的考查与考试内容上是否有明显差异？近两年来，事业单位公开招聘电子化笔试与面试，基本是将传统线下考试改为线上考试，考试类型、测评要素、题型设置并未发生大的变化，考试形式变化而内容相较之下整体保持稳定。但这里仍有几点需要指出，提请大家注意。

1.电子化考试将带来考试内容的更新

在考试内容的呈现形式上，电子化考试具备纸笔考试无法比拟的优势。可以预见，随着电子化考试形式的广泛应用，笔试和面试试题的呈现形式将不再局限于文字、图形、图表等，音频题、视频题的加入使考试内容更加丰富多样，人机对话模式的引入使考生得以沉浸式体验任务情境和角色要求。对实践操作能力的考查也将不再受限于客观条件是否支持内容呈现形式或应试工具是否满足要求。电子化考试可以融合考查理论素养与实践能力、信息技术素养、道德素养，适应新时代日趋完善的选人用人标准，考试模式的变化也将进一步推动考试类型与内容的创新与突破。

2.电子化考试融合人才测评，使人才评价多维立体化

在事业单位公开招聘工作中，人才的筛选与评价主要是通过笔试和面试成绩的综合排序来实现的。受制于相对单一的评价手段，人才甄选与配置的效果不一定达到预期。依托电子化考试，在笔试和面试环节外加入职业素质测评、心理素质测评、专项测评等，可以针对不同候选岗位目标人才画像与

候选人才画像进行数据对比分析，提供试后综合评估报告，为事业单位招考及岗前、上岗后培训工作提供数据和技术支持。

3.电子化考试增加了备考的不确定性

若招考单位确定采用电子化考试形式，考生往往需要经过线上报名、设备准备、设备调试、模拟测试、正式考试等环节。对于第一次参加电子化考试的考生而言，无疑增加了备考压力。这种备考压力还体现在笔试与面试间隔时间的缩短。电子化考试减少了笔试阅卷的时间，也就加快了面试安排的进程。此外，电子化考试可能带来的考试内容变化，也让备考增加了不确定性。因此，只有调整好心态，准确把握考试大纲要求考查的核心知识与能力，查漏补缺，才能使你的备考之路更为顺畅。

4.电子化考试作答要求与思维习惯的变化

与传统纸笔考试相比，电子化考试试卷往往图文并茂，材料篇幅和呈现形式都有所变化，客观上要求考生调整长期以来形成的纸笔作答习惯，适应屏幕化阅读形式。"屏"阅读看似只需滚动鼠标，但在同等时间条件下，相较于纸质阅读，对考生读懂文本、快速获取关键信息、抓住中心、掌握上下文联系的能力要求更高一些。传统纸笔考试中，考生可以用笔在重点字词、重要句子、存疑之处画线标注，泛读文本之后再结合试题对标注处进行深入研读和考究，以成功解题。电子化考试中，考生则需要更多地在头脑中完成内容解读与信息转换、数据比较与基础运算，这在客观上要求考生打破解题思维定式，培养和形成新的作答习惯。这种不同于以往的解题思维、阅读习惯、作答习惯可以通过在刷题 App 的日常练习中逐步养成和优化。同样需要注意的还有作答时间的最优安排，比如纸笔考试时需要预留 5~10 分钟将客观题答案准确填涂在答题卡上，纸笔书写也相对费时费力，电子化考试则节约了涂卡时间，相对提高了常规主观题作答的效率和卷面工整性，而考生实际阅读材料与数据运算的时间可能比纸笔考试更多。合理安排作答时间与控制进度是一项十分重要的应试能力，因此大家务必根据考试的题型、题量和作答要求，结合自身作答优劣势通盘考虑答题安排，保证应试水平的正常发挥，避免时间、设备等客观因素的不利影响。

第二篇 考核篇

读懂事业单位招聘考试

第三章
大纲为基：事业单位招聘考试大纲解读

　　大纲是考试命题的基础，因此了解事业单位招聘考试大纲是读懂考试的第一步。全国事业单位联考和部分省市的联考，会给出相应的考试大纲，事业单位自主招考通常不会给出具体的考试大纲。同时，全国事业单位联考的考试大纲详细规定了考试目标和内容形式，往往是地方性联考大纲的标杆和参照。因此，下面我们将主要对全国事业单位联考的考试大纲进行介绍和解读。

　　全国事业单位联考是由人力资源社会保障部统一组织，多个省级行政区以相同时间、相同内容、相同评分标准进行的事业单位联合考试，也是影响力最大的事业单位招聘考试。2015 年 5 月，全国事业单位联考第一次举行。此后，一般每年的 3~5 月和 8~11 月 [1] 分别举行一次考试。自 2015 年在宁夏、内蒙古和浙江举行以来，事业单位联考逐步向全国推广，以 2022 年上半年联考为例，青海、新疆、宁夏、江西、辽宁、湖北、福建、浙江等十几个省级行政区均参加联考。

---

[1] 注意，全国事业单位联考时间不是一成不变的，如 2022 年为 5 月和 9 月，2023 年为 5 月和 8 月，2024 年为 3 月和 11 月。

第一节 考试信息概览

根据岗位用人需求，事业单位联考的笔试科目分为五类，分别是综合管理类（A 类）、社会科学专技类（B 类）、自然科学专技类（C 类）、中小学教师类（D 类）和医疗卫生类（E 类）。可以根据表 3-1，初步了解不同类别的考试所考科目的基本情况。

说到事业单位联考，就不得不提到《事业单位公开招聘分类考试公共科目笔试大纲》了。它是当年事业单位联考的基准，也是此类考试最为权威的解释性文件，每年由人力资源社会保障部颁布，根据需要有时会进行一些调整。

那么，联考的考试形式和内容是什么样的呢？

表 3-1   不同类别岗位的考试公共科目基本情况

	综合管理类 （A类）	社会科学 专技类 （B类）	自然科学 专技类 （C类）	中小学教师类 （D类）	医疗卫生类 （E类）
适应岗位	以行政性、事务性和业务管理为主的岗位	事业单位人文社科类专业技术岗位	事业单位自然科学类专业技术岗位	中小学和中专等教育机构的教师岗位	医疗卫生机构的专业技术岗位
公共科目一 《职业能力倾向测验》	时限为 90 分钟，满分为 150 分，为纯客观题				
公共科目二 《综合应用能力》	时限为 120 分钟，满分为 150 分，以主观题为主				

　　具体来看，综合管理类（A类）科目的设置，旨在选拔那些具备行政性、事务性和业务管理能力的人才。这类岗位广泛存在于事业单位的各个部门，是机构运转不可或缺的中坚力量。《职业能力倾向测验》通过客观题的形式，全面考查应聘者的基本素质和潜能，而《综合应用能力》则通过主观题，检验其解决实际问题的能力和综合素质。这种组合既考查了应聘者的基础能力，又注重其实践应用，确保了被选拔出的人才能够迅速适应并胜任岗位工作。

　　社会科学专技类（B类）科目和自然科学专技类（C类）科目的划分，则更加细化了对专业技术人才的选拔。社会科学专技类岗位侧重于考查人文社科领域，如中国语言文学、历史学、外国语言文学等，要求应聘者具备深厚的专业知识和研究能力；自然科学专技类岗位则将考点聚焦于自然科学领域，如电子信息、化学、机械工程等，重点考查应聘者的逻辑思维、实验技能和创新能力。这两类科目的设置，不仅体现了事业单位对专业技术人才的高度重视，也确保了招聘工作的专业性和精准性。

　　中小学教师类（D类）科目的设立，则是对教育领域人才选拔的专门回应。教育事业不断发展，对教师的专业素养和教学能力提出了更高要求。中小学教师类（D类）科目考试通过《职业能力倾向测验》和《综合应用能力》两个科目，全面考查应聘者的教育理念、教学方法、班级管理以及心理健康教育等方面的能力，确保选拔出的教师能够胜任教育教学工作，为学生的全面发展贡献力量。

医疗卫生类（E 类）科目的设立，则是对医疗卫生领域人才需求的精准对接。医疗卫生事业关乎人民群众的生命健康，对从业人员的专业素养和综合能力有着极高的要求。E 类考试涵盖了基础医学、临床医学、预防医学、中医学等多个专业领域，通过《职业能力倾向测验》和《综合应用能力》两个科目的综合考查，确保选拔出的医疗卫生人才具备扎实的专业知识、良好的医德医风和较强的临床实践能力，为医疗卫生事业的发展提供有力的人才保障。

事业单位联考笔试科目的分类设置，是基于对岗位用人需求的深入分析和科学规划。这种分类不仅有助于提高招聘工作的专业性和精准度，也确保了选拔出的人才能够真正符合岗位需求，为事业单位的发展注入新的活力和动力。同时，这一举措也体现了事业单位对人才选拔工作的高度重视和不断创新。

第二节　考试科目解析

对考试基本情况有了整体感知以后，我们需要进一步了解《职业能力倾向测验》和《综合应用能力》两个公共科目的考查方向和主要内容。

一、《职业能力倾向测验》

不同类别岗位的《职业能力倾向测验》的题型也是有差别的，具体见表3-2。下面，就常考的部分题型做一下介绍。

我看到《职业能力倾向测验》科目有很多种，A、B、C、D、E类分别考什么？每一类考试有什么不一样吗？

各类别岗位的《职业能力倾向测验》科目都是为了测查工作必需的基本素质和能力要素，有一定相通之处。它们的基本内容相似，同时又有一定的特色内容。

表3-2　各类别岗位《职业能力倾向测验》考试题型

考试类别	题型
A类	常识判断、言语理解与表达、数量关系、判断推理、资料分析等
B类	常识判断、言语理解与表达、数量分析、判断推理、综合分析等
C类	常识判断、言语理解与表达、数量分析、判断推理、综合分析等
D类	常识判断、言语理解与表达、数量分析、判断推理、策略选择等
E类	常识判断、言语理解与表达、数量分析、判断推理、策略选择等

不管考哪一类岗位，《职业能力倾向测验》科目都是绕不开的"基本内容"，所有考生都要注意哦！

（一）常识判断

常识判断考查面较广，考查范围囊括考生应当全面掌握和运用的基本常识，以此测查考生在实际工作中运用基本知识解决问题的能力。

常识判断的题目往往只包含一个问题，要求考生根据所给信息直接进行判断。

（二）言语理解与表达

言语理解与表达考查考生对文字的选择运用能力，对信息的基本理解能力，以及通过对文字的解读，理解掌握句子中的内涵、观点、逻辑关系等的基本素养。

言语理解与表达要求考生准确理解并传达信息，避免歧义或误解；表达需简洁明了，逻辑性强，便于听众或读者理解；语言表达需自然流畅，无口头禅或语法错误。

（三）数量分析

数量分析包括数量关系和资料分析两种题型。

数量关系题需要考生对呈现的数据进行分析、判断、推理、运算等，考查基本运算能力、思维能力和基本的数学素养。

资料分析是以文字、表格、图形、综合等形式呈现一组复合性数据资料，需要考生对各项数据进行理解、分析、加工、处理，考查考生计算、推断能力以及数据敏感性。

（四）判断推理

判断推理题通过呈现一系列条件或情境，要求考生根据这些条件进行逻辑推理，得出正确结论。判断推理形式多样，主要考查考生的逻辑思维、推理判断、联想能力，以此测查考生思维敏捷性、空间想象力、文字理解力等基本素养。

（五）综合分析

综合分析题是事业单位考试中较为复杂的题型之一，它要求考生对给定

面对考试，不光要打好基础，更要做到有的放矢，重点突破。本部分介绍了不同类别《职业能力倾向测验》科目的"特色内容"，建议根据考试类别精准锁定，进行针对性练习！

的材料或问题进行全面、深入的分析，并提出自己的见解或解决方案。这类题目通常涉及多个领域的知识和观点，需要考生具备较高的综合素质和跨学科思维能力。

B 类考试和 C 类考试中，综合分析是较有特色的考查内容。B 类考试的综合分析题为考生呈现篇幅长、信息杂的文字资料，主要考查考生的文字概括能力、对上下文的领悟能力以及信息推断能力等；C 类考试则主要考查运用自然科学的基本思想和方法，以及分析解决问题的能力。

（六）策略选择

策略选择题是事业单位考试中针对特定岗位设置的题型，旨在考查考生在实际工作中的决策能力和应对策略。这类题目通常模拟实际工作场景，要求考生根据具体情况选择合适的策略或方法。

D 类考试和 E 类考试中，策略选择类题目较有特色。这类题目需要考生在特定情境里作出决策，是一种贴近实际工作场景的题目。

事业单位考试中的以上六大题型各具特色，相互补充，共同构成了全面评估考生综合素质与专业能力的考试体系。

值得注意的是，不同类别的《职业能力倾向测验》科目常识判断的考查范围大体相同，但不同类别事业单位的重点关注方向有一定差别（见表 3-3）。

小贴士：《行政职业能力测验》与《职业能力倾向测验》科目对比分析

在一些事业单位自主进行的招聘考试中，会出现名为《行政职业能力测验》的科目，它的内容安排和《职业能力倾向测验》是基本相同的。不同之处在于，自主招聘考试的考试时间有时会调整为 90 分钟、120 分钟或 180 分钟，根据考试时长，相应模块的题量和材料篇幅一般会按比例调整。

各类别《职业能力倾向测验》科目考查的常识偏重方向是与岗位相适应的，考查范围大体相同，但不同类别的重点关注方向有一定差别，表3-3中重点加粗的常识部分值得额外注意。

在备考时，可以定期分类总结相关领域的知识，形成自己的知识树，但也不要忽视其他常识的积累。

如果能知道具体的考查方向，是不是就可以选择性地备考了呢？

表 3-3　各类别岗位《职业能力倾向测验》考试常识和考查方向

考试类别	考试常识和考查方向
A 类	重点测查综合管理基本素质，涉及**国情**、**政治**、经济、文化、法律、科技等方面
B 类	重点测查**历史**、**哲学**、**文化**、政治、经济、法律等方面的人文素养
C 类	主要涉及**科学**、**技术**、社会、文化等方面
D 类	主要涉及**教育**、文化、历史、政治、自然、经济、法律等方面
E 类	涉及**医学**、社会、法律、文化、自然、科技等方面

与常识判断方向类似，《职业能力倾向测验》科目其他题型也会贴合相应类别岗位的知识背景，将问题融入具体情境中。因此，对考生来说，熟悉相应类别考试的材料特点，快速读懂题干所给情境，具备分析判断、解决问题的实际能力非常重要。

二、《综合应用能力》

与《职业能力倾向测验》不同，各类别岗位考试的《综合应用能力》科目试题紧密贴合岗位特点的内容更多，更注重考查相应岗位所必需的知识和技能（见表 3-4）。

表 3-4　不同类别岗位《综合应用能力》考试大纲比较

考试类别	能力目标	试题内容	主要题型
A 类	管理角色意识、分析判断能力、计划与控制能力、沟通协调能力和文字表达能力	事业单位管理岗位典型工作任务相关内容	观点归纳、资料分类、草拟信函、会务安排、应急处理、联络通知等
B 类	阅读理解能力、逻辑思维能力、调查研究能力、文字表达能力	社会科学领域的事实、现象、问题和观点等	概念分析题、校阅改错题、论证评价题、材料分析题和写作题等
C 类	阅读理解能力、逻辑思维能力、数据加工能力、文字表达能力	自然科学领域及相关文献中的事实、现象、信息、数据、问题和观点等	科技文献阅读题、论证评价题、科技实务题、材料作文题等
D 类（分小学教师岗位和中学教师岗位两个子类）	师德与职业认知、教育教学核心能力、教师自主发展能力	教育学、心理学等相关知识和技能；中小学教育教学问题	辨析题、案例分析题、教育方案设计题等
E 类	医学基础知识（对应知应会医学基础知识的掌握程度以及理解和应用能力）；招聘岗位专业知识应用能力（运用岗位专业知识进行分析、判断和解决实际问题的能力，以及实际操作技能、沟通技能、临床思维技能和应具备的个人素质）	医学基础知识（占比60%，所有考生必答）：基础医学知识、临床医学知识、公共卫生知识、医学相关知识等；招聘岗位专业知识应用能力（占比40%，根据报考岗位选择相应类别作答）：中医临床、西医临床、药剂、护理、医学技术、公共卫生管理的基本专业理论和应用	医学基础知识部分为单项选择题和多项选择题；招聘岗位专业知识应用能力部分为案例分析题和实务题

具体来看，《综合应用能力》考试根据岗位性质的不同，设计了各具特

色的考试内容和题型，以全面评估考生在各自领域的专业素养和应用能力。

（一）A类《综合应用能力》

A类《综合应用能力》考试专为选拔具备管理潜能的人才而设计，以满足事业单位管理岗位的需求。考试内容深入评测考生在管理角色意识、分析判断能力、计划与控制能力、沟通协调能力和文字表达能力等方面的素养。试卷结构包括考前说明、背景材料和试题，题型多样，如观点归纳、资料分类、草拟信函、会务安排、应急处理等，旨在全面考查考生在处理复杂管理任务时的综合能力和应变能力。考生需具备清晰的管理职责认识、有效的沟通和协调能力，以及扎实的公文写作能力。

（二）B类《综合应用能力》

B类《综合应用能力》考试针对事业单位人文社科专业技术岗位，重点评估考生在相关领域的专业技术和应用能力。考试内容涵盖阅读理解能力、逻辑思维能力、调查研究能力和文字表达能力。题型包括概念分析题、校阅改错题、论证评价题、材料分析题和写作题等，要求考生对专业文献、资料有深入的了解和较强的解读能力，并能运用逻辑性和批判性思维解决问题。B类《综合应用能力》考试强调人文学科的专业技术知识，如会计、法律、新闻等，考生需展现对所报考岗位相关专业知识的掌握和应用能力。

（三）C类《综合应用能力》

C类《综合应用能力》考试专为自然科学专业技术岗位设计，旨在评估考生在自然科学领域的专业技术能力和应用水平。考试内容主要涉及阅读理解能力、逻辑思维能力、数据加工能力和文字表达能力。题型包括科技文献阅读题、论证评价题、科技实务题和材料作文题等，要求考生能够准确把握科技文献中的数据、事实和观点，并具备分析和解决科学技术问题的能力。C类《综合应用能力》考试强调科技领域的阅读、表达和信息处理能力，考生需展示对所报考岗位相关专业技术的掌握和应用能力。

（四）D类《综合应用能力》

D类《综合应用能力》考试专为中小学教师岗位设计，分为小学教师和中学教师两个子类别，以评估考生在基础教育领域的专业能力和教学技巧。考试内容重点评测教师自主发展能力。题型包括辨析题、案例分析题和教育方案设计题等。考生需具备自我反思、终身学习、教学研究和教育创新的能力，同时能准确分析教育理念、教学方法，并有效设计教学计划和教育活动。D类《综合应用能力》考试注重考查考生的教育理论水平、教学实践能力和职业道德，以适应未来教育教学工作的需求。

（五）E类《综合应用能力》

E类《综合应用能力》考试专为医疗卫生机构专业技术岗位设计，旨在评估考生在医疗卫生领域的专业知识和应用能力。考试内容分为医学基础知识和招聘岗位专业知识应用能力两部分，前者考查解剖学、生理学、病理学等基础知识，后者根据具体岗位（如中医临床、西医临床、药剂、护理等）设置相应试题。题型包括选择题、案例分析题和实务题等，要求考生具备扎实的医学基础知识，并能将理论知识应用于实际医疗情境中，展现其在特定医疗卫生领域的专业能力和技术应用水平。

小贴士：D类《综合应用能力》中的三种能力目标对应哪些内容？

师德与职业认知：教育观念、教师职业道德规范、教育相关法律法规等。

教育教学核心能力：进行学生发展指导、教学设计与实施、教育组织与管理、教育教学评价、沟通合作的能力等。

教师自主发展能力：主动学习反思，自主进行心理调适、专业发展规划的能力等。

可以看出，《综合应用能力》科目涉及的题型有较多变化，对实际应用的考查指向性也较为明确。考生不仅要拥有学科理论知识，更要有将其灵活运用到实际情境中的能力。这也启示考生们，平时要多观察、多总结实践中的案例和经验，做到心中有数，胸有成竹。

第四章
实战演示：应对事业单位招聘考试的"招法"与"战术"

在应对事业单位考试的征途中，《公共基础知识》《职业能力倾向测验》《申论》等笔试科目犹如巍峨的山峰，矗立在每一位考生面前，既是挑战，也是通往梦想彼岸的必经之路。本章为有志于攀登这些高峰的考生精心准备了一些"招法"与"战术"，旨在引领大家深入了解各科目的精髓，掌握高效的备考方法，从而在激烈的竞争中脱颖而出。

《公共基础知识》是一片知识的海洋，涵盖了政治、经济、法律、历史、文化等多个领域。本章将系统梳理这些领域的基础知识框架，突出重点难点，同时结合试题，分析考试趋势，提供高效的学习路径，助力考生快速掌握并灵活运用这些知识。

《职业能力倾向测验》旨在全面评估考生的基本素质与综合能力。本章将深入剖析该科目的各个模块，如常识判断、言语理解与表达、数量关系、判断推理和资料分析等，通过解析典型试题，揭示命题规律，传授解题技巧，帮助考生构建起扎实的基础和敏锐的解题思维。

《申论》是一项考查考生文字表达、逻辑思维和问题解决能力的重要科目。本章将详细介绍申论的写作技巧、论证方法以及文章结构布局，通过实例分析，引导考生学会如何准确理解材料、深入分析问题、提出独到见解，并锤炼出流畅、有力的文字表达能力。

第一节 笔试内容解析

事业单位招聘考试常用的基本笔试科目有《公共基础知识》《职业能力倾向测验》《申论》《专业知识》等。

> 这么多科目都要考吗？

> 根据需要，有的单位会以多套试卷的形式考查多门科目，也有的会将两门或更多科目组合成一套试卷进行考查。接下来，我们一起看看事业单位考试的"十八罗汉阵"都是什么样吧。

（一）《公共基础知识》

《公共基础知识》曾是国家公务员考试的科目之一，后经改革，公务员考试取消了《公共基础知识》科目，把其内容放入《行政职业能力测验》及《职业能力倾向测验》的常识判断模块进行考查。如今，《公共基础知识》已成为事业单位公开招聘的通用考试科目或内容之一，适用于管理岗位、专业技术岗位等的公开招聘考试。

《公共基础知识》科目具有范围广、题量大、题型多、出题方式灵活等特点，对考生的要求比较高，大多数考点与生活实际贴合，比如政治素养、管理常识、公文写作与处理、法律常识、经济常识、科技常识、生活常识、人文和地理常识等。为让大家对这一科目有更深的了解，下面将从常见题型及试题结构、考试时长、主要知识范围等方面进行分析，并将展示部分例题。

1. 常见题型及试题结构

《公共基础知识》科目适用岗位广泛、考试时长不同、题型多样化等特征，决定了该科目试题结构的多样化。

纯客观题。一般包括单选题、多选题和判断题等客观题型。考试内容较为全面。一般适用于基层岗位或者多种岗位统一招聘的考试。

纯主观题。一般由简答题、论述题、案例分析题、材料分析题、公文写作题、材料写作题等题型中的一种或多种组成。一般适用于从事文字类的岗位、中高层领导岗位的招聘考试。

主客观题。一般由客观题型和主观题型组合而成，组成方式多种多样，主客观题的比重也会根据不同的岗位需求而进行调整。

不同题型的难易度及理论性程度也是不同的（见图4-1）。

2. 考试时长

《公共基础知识》科目的考试时长根据每次考试的要求不同也会有所变化，一般有60分钟、90分钟、120分钟、180分钟等。

3. 主要知识范围

（1）政治素养

政治素养是公职人员的基本素养，了解党和国家的政治理论和方针政策很重要。值得注意的是，近年来，政治素养在考试中所占比重越来越大（见图4-2）。考生平时也可以多看官方新闻，了解国家大事。

可以讲一下试题难度设置有什么讲究吗？这对我很重要！

　　从考试的科学性、合理性出发，试题整体上必须难易得当。题型是在结构设计层面影响试题难易度的重要因素之一。图4-1对比了常见题型在结构层面的难易度，可通俗理解为"在无相关知识储备的情况下，得分的可能性"。此外，在实际设计过程中，试题内容同样影响试题的难易度。

难易度
（结构层面）

判断题　　　　单选题　　　　多选题

易　　　　　　　　　　　　　　难

理论性
（结构层面）

简答题　　论述题　　材料分析题　　写作题

理论性　　　　　　　　　　　　实践性

图 4-1 《公共基础知识》考试中不同题型难易度及理论性对比

政治素养不只存在于课本上，更体现在每个人的生活中。从国家大事到民生小事，都可以体现出一个人的政治素养。因此，要在理解有关政策和方针的基础上，锻炼从材料中分析总结政治理论的能力。

关于政治素养的具体范围，我们为大家准备了一份常见关键词"清单"。

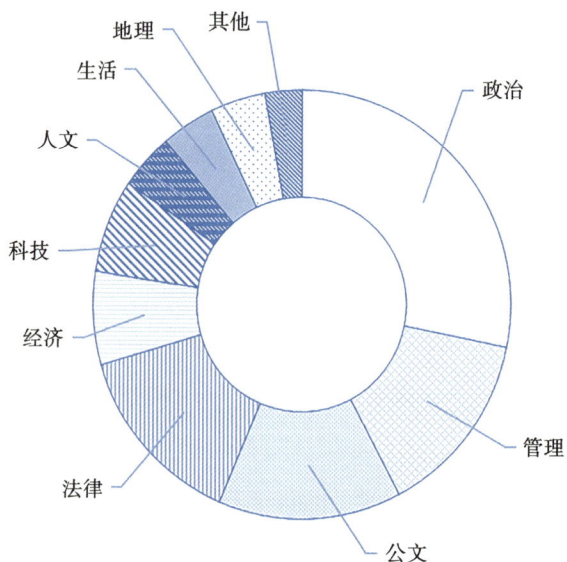

政治素养……听起来很笼统，我到底该怎么复习及备考呢？

图 4-2 《公共基础知识》常考内容及大致分值分布示意

注：仅供参考，具体考试内容及占比会根据岗位需要调整

小贴士：政治素养常见关键词"清单"

时事政治（考查范围一般是半年内）、马克思主义哲学原理、毛泽东思想概论、邓小平理论、"三个代表"重要思想、科学发展观、习近平新时代中国特色社会主义思想、中国特色社会主义建设（"五位一体"）、国家领导人讲话及其他不断更新的政治理论或政策、党史党建、党的规章制度等。

例题①

《周礼》记载，设立"山虞掌山林之政令，物为之厉而为之守禁"；周文王颁布的《伐崇令》规定："毋坏屋，毋填井，毋伐树木，毋动六畜。有不如令者，死无赦。"这主要说明（　　　）。

A. 中华民族向来尊重自然、热爱自然、保护自然

B. 古代国家的惩罚制度已经完备，能有效遏制不良行为

C. 无论古今，破坏大自然的行为都会受到很严厉的惩罚

D. 我国古代很早就把关于自然生态的观念上升为国家管理制度

（2）管理常识

管理常识也是事业单位公职人员需要具备的基本常识之一。管理常识包含行政组织、行政领导者、行政行为、行政文化、行政责任、行政监督、行政决策、政府公共关系与行政沟通、行政协调等方面的内容。

---

① 本书例题仅为展示考题样式，故不配备答案。特此说明。

例题

生存和安全是国家、社会和公众的首要利益，因此，行政应急制度在行政法中占有极其重要的地位。下列情况中，不需作出行政应急措施应对的是（　　）。

A. 某郊区一别墅发生火灾　　　B. 某市突发大面积停水停电

C. 某省遭遇大范围台风袭击　　D. 某地突发大面积爆炸事件

（3）公文写作与处理知识

公文写作与处理知识的考查内容包含公文写作、公文处理、公文使用等。公文是党政机关实施领导、履行职能、处理公务的具有特定效力和规范体式的文书，是传达贯彻党和国家方针政策，公布法规规章，指导、布置和商洽工作，请示和答复问题，报告、通报和交流情况等的重要工具。掌握公文的使用范围、写作要求及处理流程也是公职人员必备的素养之一。

例题

公文查办与催办都是带有监督性质的管理活动，但两者具有明显区别，对此，下列说法正确的是（　　）。

A. 查办是对承办公文过程的监督控制，重点在于使公文按"时"办毕

B. 催办不仅要监控承办过程，还要管公文产生实效的全部过程

C. 催办一般是以一份具体公文为单位展开

D. 查办的一般过程是：交办→立案→反馈→销办

（4）法律常识

法律常识包含法律基础理论和常见法律法规考核，如《中华人民共和国宪法》《中华人民共和国民法典》《中华人民共和国刑法》《中华人民共和国行政法》《中华人民共和国行政诉讼法》《中华人民共和国知识产权法》等与生活息息相关的法律法规，一般通过具体案例进行考查。考生需要正确理解

相关法条后作出判断，而非单纯地背诵记忆。

例题

董某曾在 A 银行开立了借记卡，某日 21 时至 22 时期间，不法分子持董某上述借记卡卡号和密码在泰国发生 7 笔交易，共计 80 万元。而此时董某一直随身携带着该借记卡，且正在省内高速驾车，不存在境外交易的可能，董某致电银行客服并报警。由于与银行协商未达成一致，董某遂将 A 银行诉至法院，要求 A 银行赔偿。据此，下列说法正确的是（   ）。

A. 董某应自己承担 80 万元的损失

B. 董某与 A 银行应共同承担 80 万元的损失

C. A 银行应赔偿董某资金损失及相应的同期银行活期存款利息损失

D. A 银行的行为构成了刑事犯罪

（5）经济常识

经济常识考查范围包含国家最新经济相关政策、宏观经济学、微观经济学等。值得注意的是，经济常识常与我们的生活有千丝万缕的联系，比如在当前社会背景下，通货膨胀会带来哪些影响，这需要结合具体的生活场景去理解。

例题

政府购买是实行财政政策的手段之一，下列选项中不属于政府购买的是（　　　）。

A. 甲国政府采购修建铁路用的钢材

B. 乙国政府对地震灾害地区发放补贴

C. 丙国政府给政府单位工作人员发放工资

D. 丁国政府为建立风力发电站拨款

（6）科技常识

科技常识包含高新技术知识、科技史、科技创新知识等。值得注意的是，当前我国正在加快建设科技强国，实现高水平科技自立自强，所以近年来事业单位考试中这一部分内容所占的比重也在逐渐增加。

例题

纳米技术是研究结构尺寸在 0.1 纳米至 100 纳米范围内材料的性质和应用的一种技术。下列有关纳米技术说法错误的是（　　　）。

A. 1 米等于 10 亿纳米，纳米和光年一样都是长度单位

B. 利用纳米技术制成的一些衣物面料可防水防油

C. 纳米技术在航空航天、环境和能源等方面都有广泛应用

D. 纳米是目前最小的长度单位，比细菌的长度还小

（7）人文、地理常识

人文、地理常识包含历史常识、文化文学常识、人文地理常识、自然环境常识等。考试内容一般不会超过高考的考试难度。

📋 例题

1.独特的建筑往往体现了当地特殊的地理条件，下列选项中，两个建筑所在的地方气候条件最相近的一组是（　　）。

A.窑洞和乔家大院　　　　　　B.土楼和藏式碉房

C.四合院和水乡周庄　　　　　D.吊脚楼和蒙古包

2.世界遗产是全人类公认的具有突出意义和普遍价值的文物古迹及自然景观。下列关于世界遗产的说法，错误的是（　　）。

A.世界遗产分为自然遗产、文化遗产、自然与文化双重遗产和文化景观遗产等

B.丽江的茶马古道属于世界线性文化遗产

C.中国丹霞山属于自然与文化双重遗产

D.遗产项目所具有的"真实性"与"完整性"是世界遗产的最基本前提

（8）生活常识

关于这一考试内容，夸张地说，是没有明确的出题范围的，但凡与我们生活有关的现象都可以成为考题，包括地震逃生、防诈骗、火灾处理、常见疾病处理等。这就要求考生注重生活中的观察和积累，全面提高素养。

📋 例题

下列关于生活现象蕴含的物理知识说法不正确的是（　　）。

A.电水壶烧开水是电能转化为热能

B.抽油烟机是利用机械能转化为势能

C. 电饭煲等电器的三角插头是为了防止漏电时触电

D. 电灯工作时是将电能转化为热能和光能

（9）职业道德与社会公德

职业道德与社会公德相关试题主要考查职业道德规范和《新时代公民道德建设实施纲要》等知识，常通过单个或多个案例的形式，考查考生对于道德内涵及原则的理解。

例题

道德虽不是生活必需品，但它对人的修养和身心健康有着不可替代的作用，下列关于道德功能的描述，错误的是（　　　）。

A. 小明学习了社会主义道德相关知识后，对自己有了充分的认识，并在学习生活中正确规范自己的行为，这体现了道德的认识功能

B. 乘坐地铁的时候，小英看到有孕妇上车后，毫不犹豫地让出了自己的座位，这体现了道德的调节功能

C. 李老师上课时告诉大家：道德是公正的法官。李老师的话体现了道德的评价功能

D. 道德不仅调节人与人之间的关系，而且平衡人与自然之间的关系，这体现了道德的教育功能

（二）《职业能力倾向测验》

《职业能力倾向测验》是事业单位招聘考试中的一门重要科目。其考试题型一般为客观性试题，考试时长一般为 90 分钟、120 分钟或 180 分钟，满分 100 分，一般包括常识判断、言语理解与表达、数量关系、判断推理和资料分析等模块（见图 4-3）。

1. 考试模块

（1）常识判断。常识判断主要考查考生在政治、法律、经济、科技、人

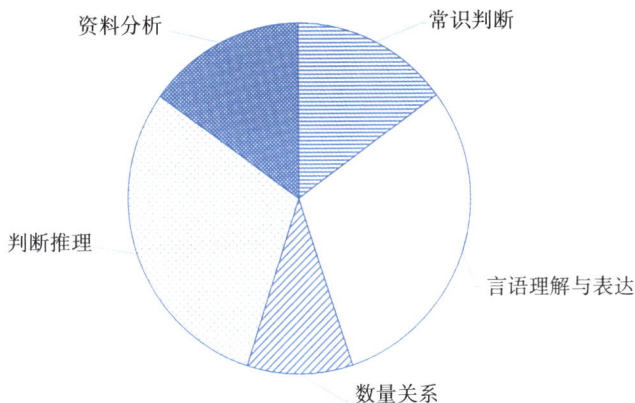

图 4-3 《职业能力倾向测验》五大模块及大致分值分布示意
注：仅供参考，具体要素及占比根据考试需要确定

文、地理、生活等方面应知应会的基础知识，以及运用这些知识进行分析判断的能力。

例题

实现"双碳"目标是一场广泛而深刻的变革，不是轻轻松松就能实现的。我们既要增强全国一盘棋意识，加强政策措施的衔接协调，确保形成合力；又要充分考虑区域资源分布和产业分工的客观现实，研究确定各地产业结构调整方向和"双碳"行动方案，不搞齐步走、"一刀切"。这表明实现"双碳"目标要注重处理好（　　　）的关系。

A. 政府和市场　　　　　　　B. 整体和局部

C. 长远目标和短期目标　　　D. 集体利益和个人收入

（2）言语理解与表达。言语理解与表达题主要考查考生理解和把握文字材料内涵的能力，包括：概括归纳阅读材料的中心、主旨；判断作者的态度、意图；根据材料查找主要信息及重要细节；正确理解阅读材料中指定词语、语句的含义；根据上下文内容合理推断阅读材料中的隐含信息；准确、得体地遣词用字；等等。

上面所说的常识判断题与《公共基础知识》科目中的各类常识题目的大体考核思路是相似的，只是根据考试类别，调整不同常识的比重。

小贴士：言语理解与表达中的常见题型举例

（1）逻辑填空

①非混搭类：实词辨析、成语辨析、虚词辨析

②混搭填空：综合考查（词语成语混搭）

（2）片段阅读

①寻求主旨：主旨概括、意图判断、标题选择、态度观点

②方法切入：细节理解、词句理解、语句排序、语句填空、推断下文

③语文基础：病句辨析、基础知识

言语理解与表达方面的能力一般会怎么考查呢？我想知道该从哪些方面去准备！

言语理解与表达部分常见的题型有逻辑填空、片段阅读等，每种题型都有自己的特点。其中，逻辑填空，即将选项中的字词填入所给材料中画横线部分，使得整段话的意思表达通顺且合乎逻辑。

片段阅读就是给考生一段文字材料，然后从选项中选出所提问题的答案，一般有主旨概括、推断下文、标题选择、细节理解、意图判断等类型。

例题

1. 有数据表明，焚烧秸秆时，大气中二氧化硫、二氧化氮、可吸入颗粒物三项污染指数达到高峰值，其中二氧化硫的浓度比平时高出 1 倍，二氧化氮、可吸入颗粒物的浓度比平时高出 3 倍，相当于日均浓度的 5 倍水平。当可吸入颗粒物浓度达到一定程度时，对人的眼睛、鼻子和咽喉含有黏膜的部分刺激较大，轻则造成咳嗽、胸闷、流泪，严重时可能导致支气管炎发生。对这段文字概括最准确的是（　　　）。

A. 空气污染有害人体健康

B. 焚烧秸秆导致呼吸道疾病的发生

C. 焚烧秸秆导致的空气污染有害人体健康

D. 可吸入颗粒物浓度增加容易导致疾病的发生

最佳选项应如何找？

不论哪种题型，其最佳选项都应满足表意范围、程度和感情色彩准确，符合逻辑关系，没有语病等要求。相应地，对于此类题目的混淆项排除，也可从这些方面入手。

2. "房子"一直以来都是老百姓的一块"心病"。捉摸不透的楼市，让购房者_____；居高不下的房价，让购房者_____。依次填入画横线部分最恰当的一项是（　　）。

A. 踟蹰不前　望尘莫及　　　B. 将信将疑　自顾不暇

C. 雾里看花　力不从心　　　D. 犹豫不决　望而却步

（3）数量关系。数量关系题主要考查考生数学运算、推理的能力，类似小学数学应用题，主要涉及数据关系的分析、推理、判断、运算等。常见的题型有数字推理、数学运算等。

> 我听说数量关系题是很多人的"短板"，为什么中小学数学题也能变成短板呢？

> 数量关系题目一般不会太难，认真审题多能答出。但《职业能力倾向测验》考试题量大、信息多，需要考生在短时间内掌握关键信息，快速算出答案。很多考生在这部分的失分也正是因为受到了时间或者说解题速度的限制。
>
> 针对这个"短板"，熟悉常见的考查点，预先掌握相应的计算模式是较好的应对方法。

小贴士：数量关系通常会考查哪些问题？

（1）工程问题：给定时间、效率制约、工程方程、工程统筹

（2）溶液问题：蒸发稀释、溶液混合、反复操作

（3）年龄问题：年龄问题（年龄差不变）、方程思维

（4）数字特征：整除特征、倍数特征、奇偶特征、质因分解

（5）方程类问题：多位数问题、基础计算、基本方程、不定方程（组）

（6）费用问题：基础费用问题、分段计费、销量随价格变化、利润问题

（7）行程问题：等距离平均速度、流水行船问题、比例行程、单次相遇追及、多次相遇追及、线段主体类

（8）牛吃草问题

（9）容斥问题：二集合容斥、三集合容斥—标准型、三集合容斥—非标准型

（10）几何问题：平面几何—三角形、平面几何—四边形、平面几何—圆、立体几何—小立方体、立体几何—正方体、立体几何—棱锥、立体几何—球与圆柱、立体几何—立体展开

（11）循环周期：单周期、多周期、日期推断

（12）排列组合：排列组合基本原理、捆绑法、插空法、隔板法、平均分组、环形错位排列

（13）概率：等可能事件概率、独立事件概率、条件概率

（14）最值问题

（15）函数图像

（16）趣味杂题：植树问题、方阵问题、钟表问题、余数问题、空瓶换酒、过河问题、天平称重

（17）数字推理：等差数列、等比数列、和数列、积数列、幂数列、其他特殊数列

例题

1. 118，320，522，724，（   ）。根据题目给出的规律，推断出括号内的数字。

A. 831   B. 923   C. 926   D. 844

2.某市要修一条路，由甲施工队单独修需要20天完成，由乙施工队单独修需要40天完成。由于临近年末，在乙施工队已经修了10天后，需要甲施工队加入一起修，则还需要用（　　）天才能完成。

A. 8   B. 10   C. 12   D.15

（4）判断推理。判断推理题主要考查考生对各种事物关系的分析推理能力，涉及对图形、语词概念、事物关系和文字材料的理解、比较、组合、演绎和归纳等。常见的题型有图形推理、定义判断、类比推理、逻辑判断等。某些事业单位考试中还有科学推理题型。

①图形推理：要求考生通过对所给的图形进行观察分析并找出图形排列的规律，选出符合规律的一项。

图形推理可分为数量变化、样式规律、位置变化、空间重构（立体图形）等几小类。

小贴士：图形推理会有什么样的图形呢？

（1）样式类（内在属性）：开闭类、曲直性、对称性

样式类（外在形状）：样式遍历、样式运算

（2）位置类（静态关系）：线形关系、形形关系、线线关系

位置类（动态变化）：平移、旋转、翻转、区分旋转和翻转

（3）数量类（读数主题）：点、线（线段）、线（笔画）、面、素（个数）、素（种类）、形（角）、形（三角形）

数量类（数字规律）：特殊数列、图间运算、分组运算、分组换算

（4）重构类（立体与平面）：展开图（六面体）、展开图（四面体）、展开图（八面体）、剖视图、三视图、平面旋转

重构类（整体与部分）：平面拼合（多边形）、平面拼合（小方块）、立体拼合

📋 **例题**

根据所给图形的既有规律，选出一个最合理的答案。（　　　）

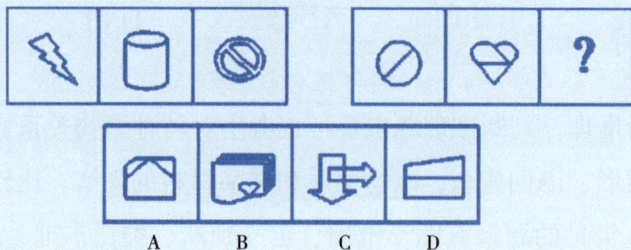

②定义判断：每道题先对相关概念进行定义，然后分别列出几种情况，要求考生严格依据该定义选出一个最符合或最不符合该定义的答案。这个定义在题干中是不容置疑的，考生要根据题干的定义来选择正确答案。

定义判断题的题干经常会涉及自己完全不了解的领域，所以很难判断一堆文字里，哪些是关键信息，哪些是干扰信息。有什么做题建议吗？

为了确保答案的唯一性，定义判断的叙述非常严谨。相应地，构成定义的句子逻辑性也很强，有一定模式可循。

下方小贴士中我们准备了定义判断题的常见考查角度总结，你可以将遇到的定义判断题"对号入座"，分析定义判断题的句子成分，找到定义判断题中最关键的"题眼"。

小贴士：定义判断的常见考查角度有哪些？

（1）要件型—单个要件—名词：主体、客体、属、种差

要件型—单个要件—状语：前提、范围、方式、目的、原因、结果

要件型—要件关系：或、且

要件型—两个要件—常见：主体＋方式、属＋种差、方式＋目的、原因＋结果

要件型—多个要件—综合：主体＋其他、客体＋其他、属＋其他、前提＋其他、范围＋其他、方式＋其他、目的＋其他、原因＋其他、结果＋其他

（2）脉络型—效应定律：管理学、经济学、社会学、心理学

脉络型—学科：管理学、经济学、环境科学、教育学、医学、理化生、逻辑学、社会学、数学统计、文学艺术、心理学、法学

（3）多定义：辨析型（否定式提问）、辨析型（肯定式提问）、匹配型

例题

认知歪曲，是指根据不正确或不充分的信息妄下不正确的推论，未能分清幻想和现实，以扭曲的方式来看待客观事实。根据上述定义，下列不属于认知歪曲的是（　　　）。

A.除非我考了第一名，否则我就是失败的

B.虽然我是你的老师，但是你问的问题我不一定能解答

C.我不善交际，所以我有社交障碍

D.第一次面试我就失败了，所以我以后不可能找到工作了

③类比推理：给出一组相关的词，要求考生通过观察分析，在备选答案中找出一组与其逻辑关系最为贴近或相似的词。形式一般是两词型、三词

型、四词型、对当型及图形型这几种，偶尔会有短句、诗句等。

✎ **小贴士：类比推理题涉及的语义及逻辑关系**

（1）语法类：动宾关系、偏正关系、主谓关系、主宾关系

（2）集合类：包容关系（种属）、包容关系（组成）、并列关系（矛盾）、并列关系（反对）、并列关系（同功能反对）、交叉关系、全同关系

（3）语义类：近义、近义（感情色彩）、近义（程度递进）、反义、比喻义

（4）映射类：空间关系、因果关系、材料关系、顺序关系、工具关系、目的关系、配套关系、凭据关系、公式关系、载体关系、时间关系、共变关系、衡量指标关系、产物关系、范畴关系、其他关系

📋 **例题**

与"酒精：消毒"这组词语逻辑关系最为相近的一项是（　　）。

A.白醋：酸性　　　　B.蜡烛：燃烧

C.海水：食盐　　　　D.洗衣液：去渍

④逻辑判断：每道题给出一段陈述，这段陈述被假设是正确的，不容置疑的。考生要根据这段陈述，运用一定的逻辑推论，选择一个最恰当的答案。常见的有论证与反驳、逻辑推理等形式。

✎ **小贴士：常见的逻辑判断形式**

（1）论证与反驳：演绎论证、枚举论证、对比论证、共变论证、类比论证、数据论证、反证法、假设论证

（2）逻辑推理：演绎推理、真假推理、分析推理、归纳推理、溯因推理、统计推理

论证与反驳可分为削弱型、加强型、前提型、结论型、解释型这五种。题干通常会给一段文字材料或数据和图表资料，选项为围绕材料陈述的句子。削弱型即从选项中选出最能质疑题干论述的一项；加强型即从选项中选出最能支持题干论述的一项；前提型即从选项中选出要得到题干论述所需要的前提；结论型为根据题干描述选出能从题干中得出的结论；解释型为从选项中选出最能解释题干论述的一项。

这些推理具体是怎么考的呢？比如说论证与反驳，是要进行辩论吗？

例题

某项调查结果表明，正常体重者参加体育锻炼的月平均量，是肥胖者的两倍多，而正常体重者的食物摄入的月平均量，基本和肥胖者的持平。专家由此得出结论，导致肥胖的主要原因是缺乏锻炼，而不是摄入过多的热量。以下选项如果为真，可以对上述论证起到削弱作用的是（　　　）。

A. 部分肥胖者开始加强锻炼身体后，变瘦了

B. 某些肥胖者体育锻炼的平均量，要大于正常体重者，但他们仍然肥胖

C.肥胖者由于体重的负担，比正常体重者较为不乐意参加体育锻炼

D.体育锻炼时，人体消耗的热量比平时多

那逻辑推理类题目又多用什么样的形式呢？

逻辑推理的考核形式相对来说更加灵活，常见的有命题推理、智能推理等。其中命题推理总是围绕着不同命题间的关系展开，往往是给出简短的一个或多个命题，要求据此推出新的命题或者选择与题干论断一致的选项。而智能推理的形式和内容则更为灵活，除了最常见的真假推理，还可能出现结合图形的填字推理、方位推理等。当然，万变不离其宗，无论怎样变化，其考查核心始终是考生的逻辑推理能力。

⑤科学推理：运用基本科学知识进行判断推理，考查的内容涉及中学物理、化学、生物、地理等，其中以物理为主。在近几年的考试中，有些地区也会将这一部分作为特色模块，考生在考前可以通过招聘公告等途径详细了解相关信息。

💡 **小贴士：应知应会的常见科学知识**

（1）力学

①力和几种常见力

②力的平衡

③压强

④浮力

⑤简单机械

（2）物体运动

①运动的描述

②牛顿运动定律

③物体运动

④功和能

（3）光学

①光的直线传播

②光的反射

③光的折射

④光的色散

（4）电学

①电学基础

②串并联电路

③电路分析

④电路设计及家庭电路

（5）磁学

①磁场及其性质

②电生磁

③磁生电

虽然科学推理的考查范围基本为通识，多为中学阶段知识，但对于自己日常接触不多的知识，"卡壳"或者遗忘的人可不在少数，所以仍须有针对性地进行复习。

（6）声和热

①机械波与声现象

②物体的内能

③物态变化

（7）化学（上海）

①基础概念

②常见物质的性质

③化学装置与实验安全

④溶液

⑤经典化学反应及现象

例题

下列现象不能用牛顿第一定律解释的是（　　　）。

A. 船在加速行驶时，人在甲板上向上跳后会落在起跳点后方

B. 在公路上行驶的公交车紧急刹车时乘客会向前倾

C. 用相同的力扔质量不同的铅球，质量小的扔得远

D. 人从行驶的公交车上跳下时容易摔倒

（5）资料分析。考查考生对各种形式的文字、图表等资料的综合理解与分析加工能力，资料通常由统计性的图表、数字及文字材料构成。

资料分析题同时关注考生对材料的理解程度和运算的准确性。在现代社会，从数据中获取信息是一项非常重要的技能。了解数据分析的一些常用方式，不仅有助于备考，对今后的工作也大有裨益。小贴士中列出了资料分析中常出现的考点。如果熟悉了这些考点的计算方式，就能更快地从材料中锁定作答所需信息。

我不是统计专业的考生，也不擅长分析数据，那些资料分析一篇一个样，每次都要花很多时间去理解，还不一定对。资料分析简直是我最大的敌人！

💡 **小贴士：资料分析常见的考点有哪些？**

（1）直读：直接读数、直接读数比较

（2）简算：简单计算、简单计算比较

（3）基期值：基期值计算、间隔基期、基期加减

（4）现期值：现期值计算

（5）增长量：基础增长量、平均／年均增长量

（6）比重：现期比重、现期比重加减、基期比重、两期比重差

（7）平均数：现期平均数、基期平均数

（8）倍数：现期倍数、基期倍数、两期倍数计算

（9）比值：现期比值

（10）增长率：基础增长率、间隔增长率、年均增长率、平均值增长率、混合增长率及增长率差值

（11）基期值大小比较

（12）现期值大小比较

（13）增长量大小比较

（14）比重大小比较：现期比重大小比较、两期比重大小比较

（15）增长率大小比较：基础增长率大小比较、年均增长率大小比较

（16）平均数大小比较：现期平均数大小比较、两期平均数大小比较

（17）比值大小比较：现期比值大小比较

（18）综合分析

📋 **例题**

根据以下资料，回答题目。

2019 年 1-7 月，我国移动互联网累计流量达 663 亿 GB，同比增速高达 101.3%；其中通过手机上网的流量达到 661 亿 GB，同比增速降至

103.9%。7月当月户均移动互联网接入流量（DOU）达到 8.33GB。

移动互联网累计接入流量及同比增速比较

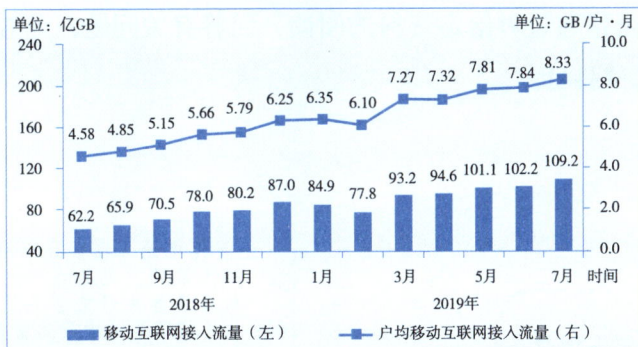

2018年7月至2019年7月各月移动互联网接入流量及户均移动互联网接入流量比较

1. 2019 年 1—6 月，我国移动互联网累计流量达（　　　）亿 GB。

A.548.7　　　　　B.550.4　　　　　C.553.8　　　　　D.554.9

2. 2019 年 7 月当月，户均移动互联网接入流量同比增速约为（　　　）。

A. 81.9%　　　　B. 79.7%　　　　C. 75.2%　　　　D. 71.3%

3. 2018 年 1—7 月，通过手机上网的流量约占移动互联网接入总流量的（　　　）。

A. 85%　　　　　B. 90%　　　　　C. 93%　　　　　D. 98%

4. 2019 年 1—7 月，我国移动互联网接入流量环比增长量最高的月份是（　　　）。

A. 3 月　　　　B. 4 月　　　　C. 6 月　　　　D. 7 月

5. 根据上述材料，下列说法正确的是（　　　）。

A. 2018 年下半年，我国移动互联网接入流量累计超过 400 亿 GB

B. 与 2018 年 1—7 月相比，2019 年 1—7 月我国移动互联网累计接入流量有所下降

C. 2019 年 1—8 月，我国移动互联网累计接入流量同比增速低于101.3%

D. 2019 年 1—7 月，我国户均移动互联网接入流量最少的是 1 月

（三）《申论》

《申论》是指通过对给定资料的阅读，回答有关问题，考查应试者多种能力的一门考试科目。

一般什么单位和岗位的招聘会考《申论》呢？

《申论》在事业单位招聘笔试中很常见，尤其在那种需要从业人员具备良好文字表达能力的岗位的招聘笔试中最为常见。

小贴士：申论考查考生的七种能力，你掌握得怎么样呢？

一是阅读理解能力；二是分析判断能力；三是提出和解决问题的能力；四是语言表达能力；五是文体写作能力；六是时事政治运用能力；七是行政管理能力

事业单位考试中涉及的《申论》考试，其形式按分值占比大小、材料篇幅和设问数的不同可以粗略分为"小申论"和"大申论"。"小申论"一般是给定几则材料，然后根据材料或给定主题写一篇作文，常与《公共基础知识》《职业能力倾向测验》中的各种题型搭配，共同构成事业单位笔试的试卷。我们下面谈论的《申论》是指"大申论"，即整个卷子只考查与《申论》中题型相似的纯主观题型。

1. 常见考试时长和题量搭配

《申论》的常见考试时长有 90 分钟、120 分钟和 150 分钟，设问为 2~5 个。题型主要包括：归纳概括、语句填充、综合分析、问题解决、应用写作及文章写作。

《申论》试卷由注意事项、给定资料和作答要求三部分组成。给定资料的字数一般为 5000~7000 字。作答要求下的设问一般有 2~5 个。作答字数在 800~2000 字。根据招聘单位对考生水平的要求和不同地区的要求等会有差异。

根据招聘单位和岗位需求，《申论》材料、主题和设问会贴合招聘单位、招聘单位所在的行业大背景或岗位背景，如经济、金融相关的单位或机构的《申论》试题内容更贴合经济学背景，学校的招聘考试更贴合教育学背景等。

文章写作题基本上为必考题型，考查形式为根据材料写一篇文章。一般文章写作题的分值占比最大。

2. 题型介绍及例题展示

（1）归纳概括题：将材料的内容进行简明扼要的重述，比如重点概括某给定材料中的某一要素（问题、原因、意义、作用、措施、经验等）。

📋 例题

请根据给定材料，概括造成个人信息泄露的原因。（10分）

要求：准确、全面、有条理，不多于150字。

归纳概括题题型可以有形式上的变化。如拟制标题，要求考生为给出的一则或者几则材料拟定标题。

常见提问方式：在横线处填入/拟制这则材料的标题和 X 个部分的小标题。

📋 例题

阅读给定材料7，在横线处填入这则资料的标题和三个部分的小标题。（10分）

要求：准确、精练；标题和三个小标题须分条写，小标题要标注序号；每条不超过25字。

【材料7】

（标题）_____

农民工要在城市生活，从空间的角度来说，居住是首先要解决的问题。在城市，人口居住是以社区为主要聚落形态的。因此，对社会发展而言，亟待解决的是在城市社区空间中如何"安置"农民工的问题。

（小标题一）_____

对于移民在迁入地的适应与融合，西方很早就开始"混合社区"模式的实践。近年来，国内一些从事农民工城市融入问题研究的学者也提出了"混合社区"的概念。所谓"混合社区"，指的是农民工与市民混合居住的城市社区。这种社区主要特点是居住人口多元化。在农民工与市民的融合研究中，混合社区概念的提出是对当前农民工与市民居住隔离，大量农民工集中居住于城中村、城乡接合部，与城市居民不融合的一种积极回应。

混合社区的建立，意在使市民与农民工群体之间的交往绕开空间屏蔽，实现在场式交往，增进相互之间的了解。

（小标题二）＿＿＿＿＿＿＿＿＿＿＿＿＿＿＿＿＿＿

居住空间的分异与社会结构的分化是相关的，二者表现为一种"互构"的关系。因此，从某种程度上来说，混合社区的设想立足于从空间整合的视角来破解这种"互构"的关系。那么混合居住是否能解决农民工与市民的这种隔离困境呢？

从实践看，市民和农民工住在同一社区并不能自然而然形成整合性的社区共同体。农民工与市民虽然同住一个社区，但不同的生活路径和工作经历使得两者之间在空间中的行动并不能实现实际的共同在场。两个群体间的交往实际上呈现出"离散型"的特点，尤其是社区内的农民工。农民工早出晚归，从空间上看，白天他们远离了社区和社区内的居民，接触的主要是与他们从事相同职业的工友或老乡，并逐渐在工作场所形成了属于他们的社会关系网和交往圈。社区内的城市居民在工作中接触和交往的对象也基本上是自己的同事、同学以及当地市民。"混合社区"的空间内部形成了农民工与当地市民两个"单体同质型"的隔离性群体，无法形成"区域场所环境—社会群体或阶层—价值观和行为模式"的社会关系再生产模式，难以实现有效融合。

事实上，社区中农民工相互之间的交往也不多，没有表现出所谓"外倾性"主动交往的行为，也没有形成关系紧密的农民工群体。为了生存和发展而流动的他们对于交往和结识陌生人并没有很大的积极性。"过好各自的生活"是他们共同的愿望。

（小标题三）＿＿＿＿＿＿＿＿＿＿＿＿＿＿＿＿＿＿

农民工进城后，长久地远离农村共同体，容易导致其传统社会关系的断裂和社会支持网络的解体。那么，通过规范化的社区管理为农民工建立起了新的社会支持网络，是否能提高农民工社区融入的能力呢？

从实践看，为做好农民工的服务和管理工作，提高农民工的社区融入能力，有的社区建构起了一整套的"新居民"互助服务网络，通过创新社区管理和社区服务模式为农民工建立起了新的社会支持网络。

（2）语句填充题：要求考生在给定材料的横线处进行填充，使其成为完整的语段。

常见提问方式：请在给定材料的 X 处横线上各填一句话，使该则材料的语义连贯完整。

例题

在"材料二"的五处横线上各填一句话，使该则材料的条理清晰，语义连贯完整，每句字数不超过 20 个字。（30 分）

【材料二】

G 省科技厅围绕共建共用共享、打通信息孤岛、"一号申请、一表通办、一网通办"等一系列要求，2019 年启动建设全省统一的"G 省科技管理信息系统"。

……

全球疫情笼罩下，H 省科技厅充分发挥数字经济优势，瞄准创新主体内在技术需求，在全国率先创新开展全球科技精准合作"云对接"系列活动，探索数字国际科技合作新模式，主要做法和经验如下。

（一）_____。相较传统线下技术对接方式，"云对接"活动有效弥补了线下单一模式的缺陷，打破了时空界隔，推动科技资源下沉，节省了时间和费用成本。在技术层面提供了预热空间，提前对国外路演项目进行针对性筛选，更好匹配双方需求。开放、便捷的在线平台吸纳更多的创新主体参与，超过 10 万人次在线观看，实现受众规模最大化。

（二）_____。近年来，H 省与 50 多个国家和地区建立了国际科技合作关系，其中与以色列、芬兰、捷克、奥地利、加拿大艾伯塔省、比利时西弗兰德省、葡萄牙中部大区、英国中部等8个重要国家和地区签订了正式合作协议并设立联合研发项目计划。H省科技厅强化政府间互动交流，完善日常沟通机制，以每月一场的频率分领域分国别共同谋划举办"云对接"系列活动，营造网上"引进来、走出去"的良好合作氛围。

（三）_____。重点围绕数字经济、生命健康、新材料等领域，突出"高、新、奇"特色，中外双方结合自身技术和产业优势，共同推介百余个具有较高的创新型先进性和广阔的产业前景项目。如日本 Triple W Japan 推介首个预测排泄时机的智能设备，已完成 B 轮融资；新加坡国立大学教授推介的 FathomX 影像 AI 助手项目，已获得新加坡国立大学种子投资；之江实验室面向人体健康领域的多维类人智能感知研究项目、智能低空载人飞行器，省内某大学的电气城镇综合能源电力系统项目等，受到了高度关注。

（四）_____。运用数字化手段，实现项目云路演、云推介、云对接、同步网络直播、留言互动和后续回看的全新形式。线上＋线下"双线融合"的形式满足创新主体的多元化需求，在会场内来自世界各国的项目代表通过电子屏幕同省内嘉宾展开交流，在互联网端将活动免费向全省企业开放，探索更多合作可能。

（五）_____。建立精准对接长效机制，通过各地市排摸、专人联络服务单位、微信群等方式，掌握企业和科研院所技术需求和对接成效。着力提升活动档次，如芬兰专场由中国科技部国际合作司、芬兰国家商务促进局冠名，俄罗斯专场由中国科技部国际合作司指导，邀请芬兰国家商务促进局、奥地利共和国驻华大使馆等众多外方单位参与。

（3）综合分析题：主要是对材料全部或部分的内容、观点或问题进行分析和归纳，多角度地思考材料内容，作出合理的推断或评价，设问形式包括词语解释、句段理解、观点分析、事件 / 现象 / 案例分析等。

　　常见提问方式：结合给定的材料，谈谈你对"……"（一个词语或一句话，或者观点、事件等）的理解；给定材料中的"……"是什么意思……

例题

　　材料 7 中提到，"有人说，大城市的门是单向的，城外的人想进去，城里的人不愿出来"。请联系实际，阐述你对这一观点的理解及认识。（30 分）

　　要求：观点明确、条理清晰、语言流畅。篇幅在 400 字左右。

　　（4）问题解决题：又可称为提出对策题，简单地说就是做什么和怎么做。可以是针对问题提出解决对策、建议或总结经验教训。

　　常见提问方式：根据给定材料，概括 / 分析……的问题 / 原因，并提出解决……问题的具体建议 / 对策 / 解决措施。

例题

　　根据材料四，针对当前城镇化推进中存在的问题，给出解决措施。（15 分）

　　要求：措施得当、操作性强、条理清晰，字数不超过 250 字。

　　题干中也有可能给定考生一种角色身份，要求考生从特定角色角度、立场出发，提出解决问题的措施或执行的对策。

例题

　　"给定材料六"中提到努力打通联系群众的"最后一公里"，假如你是一名面向基层群众的办事员，提出你认为可以有效打通联系群众"最后一公里"的措施。（20 分）

要求：切合主题，观点明确，表述简洁，字数不超过 400 字。

例题

假如你是 W 市慈善总会的一名工作人员，准备整合以往活动开展的有益经验，继续向社会大众推广"慈善一日捐"活动。根据给定材料六，归纳总结 W 市"慈善一日捐"活动的成功经验。（25 分）

要求：内容准确全面，总结有深度、有条理，字数不超过 300 字。

（5）应用写作题：主要是根据材料给出的情景及题干给出的身份设定，撰写相应文种的公文。公文类型比较多样，主要包括调研类、宣传类、方案类等。

常见提问方式：假定你是……（考生的身份设定），结合给定材料……（写作的具体内容），向……（发文对象，有时此部分省略），写一份意见 /建议 / 调研报告 / 发言提纲（文种）等。需要格外注意的是，作答须符合相应的文体要求。

例题

努力实现校园公共安全教育的常态化，真正将校园安全教育提上日程，提高学生的自救技能，不仅是构建和谐校园的需要，更是维护社会稳定的需要。针对近期多发的公共安全事件及校园公共安全教育较薄弱的现状，S 市教育局拟组织各区县教育局分管安全工作的领导干部、市直属学校校长，召开一次关于"如何促进校园公共安全教育常态化"的座谈会。假如你是 S 市教育局办公室的一名工作人员，教育局局长将在本次座谈会上作主旨讲话，请你撰写一篇讲话稿。（15 分）

要求：符合讲话稿的文体要求，内容言之有物，语言规范得体，字数控制在 500 字左右。

（6）文章写作题：通常是给出话题或者让考生对材料中的某句或某段话进行深入思考，写一篇文章。有时会直接给出话题，有时不直接给出，需要考生根据材料自己提炼。

例题

根据上述材料，联系实际，围绕"以诚信建设守护网络家园"这一主题，自选角度，写一篇文章。（40分）

要求：标题自拟；观点明确、论述深刻、内容充实；结构完整、条理清晰、语言流畅；篇幅在800字左右。

例题

材料5中画横线句子提到"人是科技的尺度，价值观决定着科技的方向"，请根据你对这句话的理解，结合实际，写一篇文章。（55分）

要求：自选角度，自拟题目，见解深刻；参考给定资料，但不拘泥于给定资料；思路清晰，结构完整，语言流畅；字数控制在800~1000字。

（四）专业知识——以教师类招聘考试和卫生类招聘考试为例

1.教师类招聘考试

教师招聘是一个非常宽泛的概念，指的是所有学校的教师类招聘行为，既包括公办学校的教师类招聘考试——教师编制考试，也包括民办学校自己组织的教师类招聘活动。

目前各地的教师编制考试，有的是以县为单位组织，有的是以地级市为单位组织，还有个别省份进行全省统考，也有个别高中学校自主组织招聘。

上述教师类招聘考试指的均是招聘学科教学教师。需要注意的是，教育

《申论》主题涉及多个方面，如"三农"问题类、党建类、医疗卫生类、政府政策类、教育类、文化类、民生类、法制类、环境建设类、社会治理类、科技创新类、经济类、行政管理类等。其中，民生类及社会治理类考题较为常见。

考生平时应多关注社会热点问题，党和国家的大政方针、政策，国家领导人的重要讲话、思想理论等，注意知识储备和积累。

《申论》考试会要求联系实际写作，如果是自己不熟悉的领域，很难讲出个所以然。而且《申论》涉及的内容比较广，准备起来好像无处下手。

类事业单位的招聘中也会有综合管理岗，也就是不从事一线教学工作，主要从事文书、文件管理（档案）、组织文化（工会）、后勤支持、统计报表等工作的岗位，其考试类别与教师岗不同。在事业单位联考时，教师类招聘考试为 D 类考试，综合管理岗不参加 D 类考试，一般为 A 类考试。

（1）事业单位联考 D 类考情

《职业能力倾向测验（D 类）》为各教师岗位通用的考试科目，其考试时间为 90 分钟，满分 150 分，题型为纯客观题。这一考试科目主要是为中小参加事业单位D类招聘考试的考生需要考两门科目，也就是《职业能力倾向测验（D类）》和《综合应用能力（D类）》。

学和中专等教育机构的教师岗位公开招聘工作人员设置的，主要测查与教师工作密切相关的、适合通过客观化纸笔测验方式进行考查的基本素质和能力素养，包括常识判断、言语理解与表达、判断推理、数量分析、策略选择等部分。

接下来，让我们重点了解一下另一门科目，也是主要考查考生教育教学技能的《综合应用能力（D类）》。

《综合应用能力（D类）》是针对中小学和中专等教育机构的教师岗位公开招聘工作人员而设置的考试科目，因此又划分为小学和中学两个类别。这一考试旨在测查考生综合运用教育学、心理学等相关知识和技能，分析、解决教育教学问题的能力。2019年5月开始，统考试卷实施小学、中学分段考查。2020年《事业单位公开招聘分类考试公共科目笔试考试大纲》明确指出《综合应用能力（D类）》分小学教师岗位和中学教师岗位两个子类，分别命制试题。试卷由主观性试题构成，主要题型包括辨析题、案例分析题、教育方案设计题等。考试时长为 120 分钟，满分为 150 分，考查内容见表 4-1。

表 4-1 《综合应用能力（D 类）》考试考查内容

师德与职业认知	教育教学核心能力	教师自主发展能力
·具有正确的教育观念 ·正确认识教师职业道德规范 ·依法施教	·学生发展指导能力 ·教学设计与实施能力 ·教育组织与管理能力 ·教育教学评价能力 ·沟通合作能力	·教育反思能力 ·职业生涯规划能力 ·心理调适能力

小学教师考试试卷包括辨析题、案例分析题、教育方案设计题三种题型。
中学教师考试试卷有时包括辨析题、案例分析题、教育方案设计题三种题型，有时只包括案例分析题、教育方案设计题两种题型，形式较为灵活。值得注意的是，教育方案设计题的主题有时来自所给案例，有时则是独立的，但总的来说偏向实际。

小学教师和中学教师考试的题型会有不同吗？

辨析题常见的类型有直言式辨析题、材料式辨析题、对话式辨析题、漫画式辨析题等。

例题

1. 有人说："德育只有遵循人的品德形成发展规律，才能有效地促进人的品德形成发展。"请你对这一观点进行判断和分析。

要求：判断准确，观点明确，分析合理，条理清晰。

2. 古希腊哲学家、教育家柏拉图说："一个人从小受的教育把他往哪里引导，能决定他后来往哪里走。"这说明教育是个体发展的唯一影响因素。请对该观点进行判断和分析。

要求：判断准确，观点明确，分析合理，条理清晰，字数不超过400字。

案例分析题一般有三种形式：

·只给一个案例，下设三个问题；

·给出两个或三个相关案例，下设三个问题；

·给出几则相关联的、有时间顺序或逻辑顺序的教育事件记录，下设三个问题。

设问方式一般有分析—评价型、建议—做法型、总结—启发型三种。

例题

1. 小明8岁的时候爸爸妈妈就离异了，不久后双方都重组了家庭，小明跟爷爷奶奶生活。上初中后小明变得十分叛逆，上课睡觉、逃课旷课、打架斗殴成为"家常便饭"。班主任多次叫家长，但小明爸妈都在外地，爷爷奶奶年纪大了，说了小明也不听，班主任只能对其放任不管。一天，小明逃课并且彻夜不归（其为住宿生），宿管老师夜里接到学生报告也不当一回事，以为明天一早小明便会自己归来，谁知小明逃课夜里和社会上的一些闲散人员一起去酒吧，后与他人发生冲突，双方发生斗殴，小明打架过程中不慎被对方甩出的啤酒瓶砸中脑袋，当场昏迷，后送医抢救无效死亡。

问题：

（1）上述事件中，学校对于小明的死亡是否应该承担责任？请说明理由。

（2）有人认为宿管老师应承担主要责任，你是否同意？请说明理由。

（3）班主任对小明这样的"问题学生"十分头疼，你对此有何建议？

2.阅读下列课堂实录节选，回答问题。

《人无信不立》课堂实录（节选）

师：上周我让大家回家搜集有关"诚信"的名言警句，你们准备好了吗？

生：准备好了！

师：那么谁能说说你搜集到的内容？

生：（同学们踊跃发言，热情高涨）

①小信诚则大信立——韩非子

②一言之美，贵于千金——葛洪

③诚信为人之本——鲁迅

……

师：同学们搜集的内容太丰富了。那么，在这么多的名言中，有没有你最欣赏的两句呢？

生：有！

师：那你把你最欣赏的写到黑板上行不行？

生：行！（学生纷纷上讲台板书）

师：同学们写得很好。谁能给我解释一下这些名言的含义呢？

生：（一一作答）

师：那么，同学们有没有听说过或者是经历过有关诚信的故事呢？

生：有！

（结合自己所见、所闻、所感讲述发生在身边的诚信故事）

师：同学们说得很好。确实，诚信是一个人安身立命之本。早在古代，人们就崇尚诚信，要求诚信做人。关于诚信，语文课本上也为我们呈现了很多名言警句，更为我们讲述了很多有关诚信的故事。让我们翻开课本，去发现诚信的无限魅力。

（要求学生们阅读第二单元综合性学习中的名言和文言故事）

……

师：现在，老师也给大家讲一个故事，说说我的心里话。

（老师讲《扶不扶》）

师：类似的现象依然存在，危害着大家的利益。如果人与人之间、集体之间、国与国之间多一份诚信，人们就会多感受到一份安全与温暖，社会就会多一份和谐与进步。

老师想听听此时此刻大家对诚信的看法。

生：（踊跃发言）

师：一个人的力量是微不足道的，千千万万个人坚守诚信，我们的社会才会越来越好。那么，让我们写一篇演讲稿，表达我们对诚信的认识和坚守诚信的决心。今天老师给大家讲讲演讲稿的写作格式。

问题：

（1）该教师在课堂上主要运用了哪种教学方法？运用这种教学方法有哪些基本要求？

（2）通常情况下，合理选择教学方法需要注意哪些方面？

（3）该教师的课堂教学主要体现了哪些教学原则？请结合课堂实录分别举例分析。

教育方案设计题中，常见的活动形式有主题班会、家长会、综合实践活动等，活动主题则包括德育类、学习类、文体类、审美类、生活劳动类等。

例题

1.魏老师是一位中学老师，她发现最近班里有部分学生总是沉默寡言，不跟同学一起沟通交流，也不主动参加班集体活动。另外，班上还存在着小团体现象，这些小团体之间不但存在着互相竞争，甚至存在着敌对的现象。这使得班上的工作非常难开展，为增强班级凝聚力，魏老师计划在班级开展一堂心理辅导课。假如你是魏老师，请你设计该心理辅导课程方案（至少包括主题、目标、内容与过程、总结和建议等）。

要求：主题鲜明，依据合理，方案具有针对性和可操作性；逻辑严谨，条理清晰。

2.为积极响应教育行政部门的号召，你所在学校计划以班级为单位，围绕"预防传染病"主题召开一次主题班会活动。如果由你来设计本次活动，请草拟一份活动方案（至少包括主题、设计依据、目标、内容与过程、预计效果与检验方法等）。

要求：

（1）自选一个学段（如小学、初中、高中等）并标明；

（2）主题鲜明，依据合理，方案具有针对性和可操作性；

（3）逻辑严谨，条理清晰；

（4）总字数800字左右。

（2）事业单位教师岗位自主招考考情

部分自主招考的教育类事业单位，针对其招考岗位需求对各专业岗位分别进行命题。考试内容为教育基础知识和岗位专业知识，也有的不分科考查，各科统一考查教育基础知识。

小贴士：事业单位教师岗位自主招考教育基础知识考试范围

（1）教育基础知识和基本原理

该知识模块主要涉及教育的含义、教育的基本要素、教育的属性、教育的功能、教育的起源、教育的发展等。

（2）课程

该知识模块主要涉及课程概述、课程组织、基础教育课程改革等。

（3）教学

该知识模块主要涉及教学概述、教学过程、教学原则和方法、教学

随着课程改革的推进，用人单位对教师整体素质的要求逐步提高，在考查内容的选择上作了相应改变。例如，适当增加常识类、计算机基本操作、办公技能等与日常教学和工作息息相关的内容作为考查内容；考查重点也有向教学技能、教学机制倾斜的趋势。

这几年教师自主招考有什么新变化吗？

组织形式和教学工作基本环节、教学模式、教学评价等。

（4）学生学习心理

该知识模块主要涉及认知过程、学习概述、学习理论、学习心理等。

（5）学生发展心理

该知识模块主要涉及认知发展阶段、情绪意志、人格、能力的发展以及异性交往等。

（6）学生心理辅导

该知识模块主要涉及中学生心理健康、中学生心理辅导的方法、压力与挫折应对等。

（7）德育

该知识模块主要涉及德育理论、德育过程、德育原则、德育途径及方法、新时代德育发展的新主题。

一个小提醒：在以上内容中，教育学知识考查以课程及教学为主；心理学知识考查以学习心理及发展心理为主。

（8）班级管理与教师心理

该知识模块主要涉及群体与群体规范、班级管理与班主任工作、课外活动、人际关系及教师心理等。

（9）教师职业道德和法律法规

该知识模块主要涉及新时代教师职业道德规范及教育类相关法律法规。

一般情况下，教师岗位自主招考考试题型题量及考查要点参照中高考，难度对标高考。对学科知识要求较高的科目会适当增加大学相应专业课的内容，与中高考知识性内容作相应区分。常见的考试时长及试题结构搭配见表4-2。

表4-2　常见考试时长和试题结构搭配

题型	考试时间	总题量	试题结构	备注
纯客观题	120分钟	100题	单选+多选+判断： 50道+20道+30道 60道+20道+20道 60道+10道+30道	一般单选题占比50%以上，具体会根据各单位实际情况和招聘要求进行调整
	90分钟	80题	单选+多选+判断： 50道+10道+20道 40道+20道+20道	
主观+客观	120分钟	30题	单选20道 简答4道 论述4道 材料/案例分析2道	主观+客观类试卷结构，以主观题为主
	90分钟	26题	单选20道 简答2道 论述2道 材料/案例分析2道	

2. 卫生类招聘考试

卫生类事业单位是具有社会公益性质的社会服务组织，常见的公立医院、妇幼保健机构、疾病预防控制机构、社区卫生服务机构、农村乡镇卫生院、药品监督管理局等都属于卫生类事业单位。

卫生类事业单位招聘考试可以有不同的组织单位和形式。我们经常提到的"E类联考"指的就是全国事业单位统招考试中的医疗卫生类别考试。它是由多省份统一组织命题和考试的，上、下半年各有一次。考试科目有两科，分别是《职业能力倾向测验》和《综合应用能力》。

部分省、市也会根据需要组织统招考试，其卫生类别的考试科目与全国联考相仿。除事业单位联考及统考外，部分卫生类事业单位会选择自主招

卫生类事业单位招聘以专业技术岗位为主，当然，也有一定比例的管理岗位和工勤技能岗位。专业技术岗位有医、药、护、技等职种，涉及的专业有医学基础类、临床医学类、口腔医学类、中医学类、预防医学类、药学类、护理学类、卫生管理类、医学技术类等。

哪些人可以报考卫生类事业单位呢？

聘。这类招聘考试一般由招聘单位自主命题或委托相关机构命题，考试形式和时间可自主决定。笔试科目主要考查卫生专业知识，包括医学基础知识和岗位专业知识。根据招聘岗位需要，有时也会增加公共基础知识的考查内容。

下面我们将主要介绍卫生类自主招聘考试的相关内容。

（1）考试形式

在实际的自主招聘考试中，常见的考试形式有下面几种。

①不同卫生岗位共用同一套试卷，考试科目为《医学基础知识》或《公共基础知识＋医学基础知识》。

②针对各专业岗位分别命题，每种岗位各自考一套试卷，考试科目为《医学基础知识＋岗位专业知识》。

③将一套《医学基础知识》或《公共基础知识＋医学基础知识》试卷作为公共题，所有专业岗位共用。此外，再针对不同岗位，各自命制一套《岗位专业知识》试卷，即每种岗位考两套试卷。

（2）试卷结构

卫生类自主招聘考试常采用的试卷结构如表4-3所示。

表4-3　卫生类自主招聘考试试题结构

常用试题结构	常用考试时长及题量	常考题型
纯客观	90分钟——常为90题或100题 120分钟——常为120题或130题	单选题、多选题、判断题等
客观＋主观	90分钟——常为40~45题 120分钟——常为50~55题	单选题、多选题、判断题、简答题、论述题、病例分析题/案例分析题、实务题等

（3）题型介绍

下面是卫生类招聘考试中主要涉及的题型，虽然是基本的题型，但也不可小视。

①单选题：要求选出最佳选项，常将关键结构、原理等作为设问点，同类、相似、相关或相反项作为混淆项。因此，辨别同类及相似概念的异同，寻找相关概念间的联系非常重要。

例题

肺动脉从（　　）发出伴支气管入肺，随支气管反复分支，最后形成毛细血管网包绕在肺泡周围，之后逐渐汇集成肺静脉，流回（　　　）。

A.右心室　左心房　　　　　　B.右心房　左心室

C.左心房　右心室　　　　　　D.左心室　右心房

②多选题：有两个及以上正确选项，选项设置原则与单选题类似，但对考生的要求更高。除一些有特殊要求的考试外，一般多选、错选、漏选均不得分。

例题

胆囊三角是胆囊手术中寻找胆囊动脉的标志，该区域由（　　　）围成。

A.胆囊管　　　B.肝总管　　　C.肝的脏面　　D.肝胰壶腹

③判断题：要求判断正误，题干中往往隐藏多个需要判断的点，尤其是有关程度、大小、性质的细节描述容易被忽略，需要全面阅读后逐一判断，避免错过关键信息，全部信息均准确才能被判定为正确。

例题

食管是一前后扁平的肌性管状器官，其中食管胸部最短。（　　　）

④简答题：通常情况下，一张试卷中会出现1~4道简答题，单题分值一般不超过10分。通常按点给分，因此答题时要注意条理清晰。

📋 **例题**

长期大量应用糖皮质激素可引起哪些不良反应？

⑤论述题：通常情况下，一张试卷中有 1~2 道论述题，要求较高的考试可能酌情增加数量，单题分值一般大于 8 分。与简答题相比，论述题更注重知识间的联系及分析总结，多属于理解性题目，答案范围相对更广，对考生的要求也更高。

📋 **例题**

试述如何鉴别心源性水肿与肾源性水肿。

⑥案例分析 / 病例分析题：通常情况下，一张试卷中有 1~2 道案例分析 / 病例分析题，多考查常见病的诊断、鉴别、治疗、转归等，对于有职称要求的考试，基本可参照相应级别专业技术资格考试大纲要求的掌握范围。

📋 **例题**

患者刘某，男，52 岁，间断上腹痛 5 年多，加重 2 周。5 年前开始出现无明显诱因的间断性上腹胀痛，餐后半小时明显，持续 2~3 小时，有反酸胃灼热，可自行缓解。2 周来加重，食欲不振，伴有腹胀。发病以来无发热，大小便正常。既往无肝病史，否认手术、外伤及药物过敏史，无烟酒嗜好。

查体：T 36.8℃，P 108 次 / 分，R 23 次 / 分，BP 121/86mmHg，神清，面色稍苍白，全身无黄染，未见出血点及蜘蛛痣，全身浅表淋巴结不大，心肺无异常。腹平软，未见腹壁静脉曲张，上腹部压痛，无肌紧张和反跳痛，全腹未触及包块，肝脾未及，无移动性浊音，肠鸣音 10 次 / 分，双下肢不肿。

辅助检查：Hb 110g/L，WBC 5.5×10^9/L，大便隐血强阳性。

根据上述病例，回答以下问题：

（1）该患者可初步诊断为何种疾病？

（2）为明确诊断，可首选何种辅助检查？

（3）该病可能有哪些并发症？

（4）该病的药物治疗方法有哪些？

⑦特殊题型。特殊题型多出现在事业单位卫生类联考中，一些有需要的事业单位自主招聘考试也可能会使用这类题型，值得考生注意。

1）策略选择题：在一些考试中被称为医疗卫生情境题，一般为客观题形式。顾名思义，这类题目会设置一些常见的医疗情境，如急症、重症、术前沟通、疾病恶化等，主要测查考生面对医疗卫生情境感知理解、分析判别、权衡选择恰当策略的能力，常涉及医学伦理、职业道德、医患沟通、医患矛盾应对等方面，一般不考查医学专业知识。

例题

根据以下案例，回答 1~3 题。

患者王某，女，43 岁，农民。因"反复腹胀、呕吐 3 年余，加重伴便秘 1 周"被收住入院。根据胃镜检查结果，拟诊为"十二指肠溃疡瘢痕性幽门梗阻"。该患者积极配合治疗，4 天后未见明显好转，行 B 超、腹腔透视检查示：腹腔胀气明显，余未见明显异常。继续加强治疗，高热持续一周不退。入院第 16 天行 CT 检查提示：腹腔脓肿（膈下），进行手术治疗及术后予改善循环、营养支持等对症治疗后，切口一期痊愈。患者家属认为，患者只是一个普通腹部胀痛，假如一入院就进行 CT 检查就不会因误诊而多花医疗费用，是医生不够重视病情导致的。医生认为，该疾病具有隐匿性，只有根据症状变化及辅助治疗才能作出最后的诊断。

1. 该案例中，医患矛盾主要是由（　　）导致的。

A. 医患医疗信息不对称　　　　B. 术前沟通不到位

C.沟通技巧缺失　　　　　　　D.以签字代替沟通

2.该医生下列做法中，不可取的是（　　　）。

A.本着经济实惠的治疗原则去医治患者

B.术后告知患者保持良好的心情和精神状态

C.沟通全过程使用医学术语，以显示自己的专业性

D.在手术前，让患者充分了解自己的病情

3.该案例中，为解决医患沟通障碍，医生应该（　　　）。

A.借助图像、资料、实物标本，阐明该病的隐匿性

B.手术已做完，患者已跟自己无关，不理会家属

C.直接告知患者手术就该如此进行

D.伤口已痊愈，让患者及时出院

2）实务题：一般为主观题形式，主要考查专业技术工作人员在医疗工作中的实际业务处理能力，偏重于医疗卫生工作中的实际处理和操作技能、沟通技能、临床思维技能和应具备的个人素养。

📋 例题

在大街上，一名年约40岁的男子突然晕倒在地，你是第一发现者。经检查后，你发现该男子出现心搏骤停，需要采用心肺复苏进行急救。

问题：

（1）如果由你对该男子进行胸外心脏按压急救，你会如何操作？

（2）你会如何判断急救有效？

🖊️ 小贴士：不同学科的实务题特点

各学科的特点不同，实务题也有不同的命题倾向。中医临床类实务题中可能考查考生对致病机制、治法的分析能力；药剂类实务题中可能

它们关注的侧重点不同。案例分析/病例分析更关注临床思维过程，往往通过设置问题了解考生分析病例的方式。此外，问题设置也较为发散，不一定是针对题中病例，可能出现一些引申内容。实务题更注重实际操作，所考查问题多紧密结合病例设置，多为某一患者的实际诊疗或处置方案等，其内容不局限于各科专业知识，还涉及医患沟通、医学心理、医学伦理的综合应用等。

实务题和我们常说的案例分析/病例分析题有什么不同呢？

出现判断药方是否合理、分析药剂成分等问题；公共卫生管理类实务题则有可能考查与公共卫生管理相关的卫生统计、流行病调查等知识点。

（4）知识范围

①系统解剖学：常考查的知识点有器官、组织及结构的位置、组成、形态、功能等，其中对运动系统、循环系统、呼吸系统、消化系统的相关知识考查较多。尤其是与临床密切相关的重要功能区、相似结构等，常常作为题目的设问点。

②生理学和病理学：考查思路与系统解剖学相似，在知识点分布较为均

《医学基础知识》是卫生类考试中最常见的考试科目，主要考查系统解剖学、生理学、生物化学与分子生物学、病理学、药理学、诊断学等学科知识。

衡的前提下，侧重于对循环、呼吸、消化、内分泌及代谢等重要系统的生理功能和病理表现的考查。

③生物化学与分子生物学：这门学科重点关注物质的结构功能和代谢调节，因此在考试中，以糖、蛋白质及氨基酸、核酸及核苷酸、脂质、维生素与无机盐等人体重要物质的相关特点为考查的主干，其特点与人体生理病理表现的联系为考查难点。

④药理学：该学科考点主要包括药动学、药效学基本知识和常用药物的药理作用及应用。在常用药物方面，考试重点考查常见疾病、危重疾病相关治疗和抢救药物的使用，以及机制和名称相似的药物，对常见药物不良反应、适应证和禁忌证等也有所涉及。

⑤诊断学：作为连接基础医学与临床医学的过渡学科，在《医学基础知识》考试试题中，涉及这门科目相关知识的考题以常见症状、常见体征为主，也会涉及一般血液检查、肝肾功能重要指标、常见生化检查、心电图等实验室

检查和辅助检查等知识，对问诊技巧、病历书写等相关内容的考查相对较少。多数题目侧重于对独立症状、体征和结果的鉴别与理解的考查，少部分为紧密结合临床、涉及多种相似／相关表现、需要综合分析应用的拔高型题目。

　　⑥医学伦理学及医学心理学：在《医学基础知识》科目中，也常常考查医学人文方面的知识，主要包括医学伦理学、医学心理学相关理论及实践。卫生类统考中的策略选择题即为以医学人文为主的实践型案例题。在一些考试中，还会出现医学人文与专业知识同时考查的案例题。

　　⑦卫生政策及法律法规：医疗卫生从业人员应当熟悉最新卫生政策，对《中华人民共和国医师法》《中华人民共和国献血法》《中华人民共和国传染

病防治法》《医疗事故处理条例》《中华人民共和国药品管理法》等重要法律法规有所了解和掌握。在《医学基础知识》科目中，卫生政策及法律法规的题量一般少则1~2题，多则5~6题。在卫生监督管理等特殊需求类型的考试中，该部分还可能占据更大比重。以往考试中考查单一法条的题目出现较多，而近几年，根据综合医疗卫生情境与相关法规设计的案例型题目正有逐渐增多的趋势，需要考生准确理解情境，根据法律法规作出判断。

⑧其他科目：除了上述较为重要的基础科目外，《医学基础知识》科目中还会涉及组织学与胚胎学、医学微生物学、医学免疫学、医学遗传学、传染病学等知识。

小贴士：特殊的学科——传染病学

传染病学知识是医疗卫生人员做好感染防控必不可少的。受近年来新发传染病不断出现的影响，传染病学在相关考试中越发受到重视，在《医学基础知识》考查中，其重点并非具体疾病的治疗，而是传染病的流行、传播、预防、免疫等基本知识，以及重要传染病的表现特点。

因此，传染病学相关知识也可能与医学微生物学、医学免疫学等学科结合起来考查，需要考生全面、综合掌握知识，理解其中的联系。

总的来说，《医学基础知识》科目考查的是卫生类人才通用的基础知识，其目的是服务于卫生类事业单位相应岗位的人才选用。因此在试题方向和背景的选择上，仍保持着关注实践意义的实用导向，其知识展开往往是与当下医学发展同频共振、与临床应用相辅相成的。这也启示考生们一定要注意联系基础知识与实际应用，按照"学以致用"的原则进行备考复习。

第二节　面试解析

面试是目前人才选拔过程中兼具权威性和科学性的测评形式之一，其首要目的是考查考生是否具备与拟任岗位相匹配的个人素质和发展潜能。

面试，顾名思义，即考官通过与考生面对面的信息传递与交流，观察考生表现、倾听考生对相应试题的作答内容，包括在作答行为过程中所展现出的非语言信息，如动作、神情、姿态、语调等，了解并掌握、评估考生的个人特征、知识储备、思维能力、工作态度等在内的综合素质，并采用统一的测评方法及测评标准，针对每一位考生的实际情况作出客观评价，可视化为对应的得分或层级，形成较好的区分度。

一、面试的特点

面试相较于其他测评工具，具有极为突出的特点。

一是测评内容与形式的多样性和灵活性。一方面，不同的行业、不同的岗位对考生的能力素质有不同的侧重及需求，因此，招聘方选择的测评内容和形式会有所不同。与此同时，测评内容和形式也会根据行业、岗位的性质和要求作出相应的设计并进行可操作化调整。另一方面，即便是事先编制好的试题，考生也并不一定要在面试过程中作出与参考答案完全一致的回答，面试具有较大的开放性，考生根据自己的思考进行逻辑清晰的阐述即可。这就使得面试测评内容和形式呈现出丰富多样、灵活的特点。

二是信息传递与反馈的双向性和互动性。在面试中，考官一般与考生面对面交谈，通过一问一答的形式形成对考生的初步了解。随着双方交流的推进，考官可获取考生与拟任工作岗位相关的有效信息，借以评判考生的各项素质和能力与岗位的匹配程度。

在一些面试中，考生也可适时地向考官发问，以进一步掌握关于招聘单位、工作岗位的实际情况和人才需求。但需要注意的是，事业单位招考最常使用的面试形式是结构化面试，在这种面试中，考生通常不可向考官发问。

还有一些特殊的标准化面试形式规定考官不得与考生进行任何交谈，考官根据考生对试题的作答情况进行综合评价。但这不意味着这种信息的传递是单向性的。人际交流中的非语言符号，如肢体动作、表情神态等，在双方读取有效信息过程中也发挥着重要的导向作用。考官与考生都是沟通传播中的传递者和接受者，同样在其中提供和获取着有关信息，这种"你来我往"的信息传递正是面试双向性和互动性特点的充分体现。

三是考核个人素质的整体性和潜在性。面试在一定程度上弥补了笔试考查的单一性，将个人的综合素质纳入整个测评系统中。面试要求尽可能全面地对考生的真实水平、个人特征和能力素质等作出科学评估，从考生的个人表达和行为表现中深入挖掘其本质及潜能，立体化分析并预测考生个人的整体情况与岗位胜任程度，确保鉴别人才的可行性、全面性、有效性，为优化单位招聘流程、引入高素质人才提供了行之有效的测评方式。

二、面试的分类

事业单位招聘面试主要包括以下几种类型。

（一）结构化面试

结构化面试是事业单位广泛采用的一种规范化面试形式，具有一定的可靠性、有效性和权威性。它的整个实施过程都经过严格且系统的预先制定，在试题编制、考核要素、面试流程、测评标准和方法、成绩统计等各个方面都有精细化、规范化的设计，遵循一套固定的程序和步骤。

从设计原则来看，结构化面试的问题是在对时代背景、相关行业情况、实际工作岗位等进行客观分析的基础上命制的，旨在考查考生在相同的限定时间内、相同的测试环境下的状态和表现。除对面试题目发问外，考官不得与考生进行任何形式的交流，同时，考官对考生作出的评价必须基于相同的测评标准和方法。

在实际面试过程中，同一岗位如果分上下午或不同日面试，采用的面试题目是不同的。此外，多个岗位同批次同时间面试，也可能采用相同的

面试题目。

1.结构化面试题目类型

（1）按试题性质来分，结构化面试中的问题主要有以下 3 类。

第一类是行为描述性问题。主要是围绕拟任岗位的关键胜任特征和能力素质进行命题，通过考生对自己行为过程的描述来了解并掌握考生的相关信息，如考生对过去工作经历，或在特定情形中所采取的行为的详细描述等。考官以此来判断和分析其与本岗位的工作胜任力模型的相匹配程度，是否符合该岗位的核心需求，以及预测其未来的发展情况。

结构化面试时长一般为10～15分钟/人，包含2～3道题，每题可对应单个考核要素，也可由多个要素融合而成。同时，还有一些不设问题、基于考生整体表现评分的维度，如言语表达、举止仪表等。测试资料由题本、题签、评分表构成。题本和评分表供考官阅读试题和评分；题签供考生阅读试题。考官需按照固定次序向考生提出预设问题，考生在思考后进行作答。部分考试会设置备考环节，考生可提前根据备考题签准备。也有的考官不读题，考生自行阅读题签后答题。

结构化面试流程具体是怎样的呢？

例题

请描述一个你最近在工作中遇到的问题，并说明当时是怎样解决的。

第二类是具体情境性问题。为考生描述未来工作中可能会遇到的实际场景和真实情况，通过问题的设置导向，考查考生在该情形下的行为反应，根据考生的描述作出量化评价，并对其未来行为进行预测分析。

> **例题**
>
> 你在收集部门内部相关数据表格时发现，很多同事提供的表格信息不全、数据混乱、错字较多，但他们均以"业务忙、没时间改"为由敷衍了事。此时，你会如何处理？

第三类是观点阐释性问题。一般围绕社会现象、热点议题、寓言名句等内容呈现试题，考查考生对试题信息的快速理解和思考，以及有理有据地输出个人观点和独特见解的能力，注重考查考生阐述观点的逻辑性、辩证性和思维深度。

> **例题**
>
> "公者无私之谓也，平者无偏之谓也。"请谈谈你对这句话的理解以及其对你今后开展工作的启示。

（2）按试题内容来分，结构化面试中的考题主要有以下两类。

第一类是通用类结构化面试考题。适用于所有行业、单位、岗位的招聘考试，试题内容不依据实际工作的要求作出严格的区分和限制，因而在试题的命制上也不具有对实际工作的针对性和贴合性，主要侧重于考查考生的逻辑思维能力、随机应变能力、语言表达能力等综合素质。

> **例题**
>
> 栽花，可以收获热烈、美好、鲜艳；栽刺，回报的可能是攻击、锋芒，剐破了皮肉。于是有人便以"多栽花不栽刺"处世待人，甚至作为工作准则。你如何看待"栽花"与"栽刺"？

第二类是专业类结构化面试考题。相对于通用类结构化面试来说，这类面试具有较强的针对性和实用性，主要是围绕某一行业背景、某一具体岗位或某一专业领域展开试题内容的设计，要求考生具有较为扎实的专业知识储备，熟练掌握相应的实操技能，并拥有相关工作经验，着重考查考生是否具备拟任岗位所必需的专业技术知识、能力。

📋 **例题**

　　肿瘤的异型性是肿瘤组织细胞有别于相应的正常组织细胞的重要特征，请谈谈肿瘤的细胞异型性主要有哪些表现。

（3）结构化面试中常见的考核要素有以下几类。

综合分析能力类。综合分析能力是指日常工作中，涉及对观点、问题的宏观把握，对事物、现象间矛盾关系的理解时，需要具备的能力。通过考查考生的试题作答情况，可了解其对题干信息的理解程度，判断其能否有效地观察和分析问题，能否从宏观角度把握观点、问题，并辩证地思考事物间、现象间的矛盾关系。

📋 **例题**

　　1. 大学毕业生简历信息泄露；

　　2. 患者医学影像照片线上暴露；

　　3. 知名酒店 1060 万名旅客信息泄露。

　　以上事例共同体现了信息化社会存在的什么问题？对此，你有何看法？

解决问题能力类。解决问题能力是指在工作中遇到困难时，能够采取恰当有效的方法及时妥善克服，从而顺利完成工作任务的能力。这主要考查考生能否根据实际情况，全面分析问题产生的原因，所提出的措施是否具有可操作性和现实意义。

例题

单位在盘点常用办公物资时发现，近日办公用品损耗、浪费情况严重，甚至不少同事公物私用。为解决办公用品过度损耗问题，你有什么建议？

组织协调能力类。组织协调能力是指为了有效实现目标，灵活运用各种方法，把人、财、物等资源合理地配置和有效地协调起来的能力。通过具体任务的设置，了解考生在处理事务时的思考方式、采取措施的合理性，考查其组织协调能力，是否具备统筹意识，在活动实施过程中能否做到统领全局、协调各方。

例题

单位准备联合兄弟单位举办"比学赶超"交流学习活动，预计参与人数较多。现领导要求活动发扬"厉行节俭、反对浪费"工作作风，你认为可在哪些方面着重体现？并说明具体的实施步骤。

创新能力类。创新能力是指在工作中能够发现新问题、产生新思路、提出新观点和找出新方法的能力。主要考查考生在面对相应情境和问题时，能否利用创新思维，改进、优化工作方法和模式，能否针对实际情况提出合理的创新性建议和措施。

例题

为给用户提供更好的服务，单位计划对网站进行一次全面的改版升级。为了使新网站有特色、吸引用户浏览，你有何创新性建议？

人际沟通能力类。人际沟通能力是指通过情感、态度、思想、观点的交流，人与人之间能够相互理解、解决冲突、协调好各方关系、建立良好协作的能力。主要考查考生在处理人际关系过程中，能否既坚持个人原则而又不丧失灵活性，确保有效沟通。

例题

> 领导安排员工小刘协助你完成一项紧急任务。小刘在领导面前表示服从安排，但私下对你却态度强硬，称"我只是协助人员，该你做的我不会帮忙的"。此时，你会如何与其沟通？

报考动机与拟任岗位匹配性类。纯正清晰的报考动机、对岗位的正确认识和评价、符合岗位要求的素质能力等是做好工作的前提。报考动机与拟任岗位匹配性能力是指候选人可清楚了解自己报考岗位的原因及个人素质能力、特点、兴趣、对未来的追求与规划等与报考岗位的匹配程度的能力。

例题

> 习近平总书记指出："伟大出自平凡，英雄来自人民。把每一项平凡工作做好就是不平凡。"[①] 请结合岗位工作，谈谈你的理解。假如应聘成功，你会如何做好拟任岗位的工作？

信息获取能力类。信息获取能力是一项基本的工作技能，是指通过多种渠道、多种方法，及时获取准确、完整、可靠信息的能力。明确工作的目的和意义，确定获取信息的内容、范围和对象，能够采取有效的方法去收集相关信息。

例题

> 为了更好地了解本地区群众的文化需求，领导让你组织一次调研。为保证收集到的信息准确、全面、具体，你会怎么开展工作？

---

① 《习近平会见四川航空"中国民航英雄机组"全体成员》，新华社，2018-09-30。

决策能力类。决策能力是指在面对困难、争议等有压力的情境时，对某件事作决断、定方向的综合性能力。通过问题设置，了解考生在面对具体问题时，能否保持冷静、进行准确判断，并作出最优的决定，以此考查候选人的决策能力。

例题

领导安排你统筹完成部门一紧急项目。该项目有两套方案，一套方案为多个部门合作，能确保项目按时完成，但工作质量难以保证；另一套方案为部门内部完成，有利于质量把控，但可能无法按时提交。面对这种情况，你会如何决策？

团队协作能力类。团队协作能力是指建立在团队基础上，发挥团队精神，互相协调，以提升团队工作质量及效率，实现工作目标的能力。通过设置情境，考查考生在团队工作中能否采取有效措施，激发团队协作精神，从而顺利实现工作目标。

例题

为完成某项紧急任务，单位领导从各部门抽调人员组成了一个临时工作小组，并指定你为负责人。由于小组成员彼此不熟悉，且各自的工作方式存在差异，小组成员之间配合缺乏默契，且时常发生争执。面对这种情况，你会怎么做？

工作责任感类。工作责任感是指以认真负责的态度对待工作，以较高的标准要求自己，较好地履行工作职责，怀有奉献精神和敬业精神。

例题

你出于好心接手了同事小张的一项复杂任务，并经领导同意。在统筹过程中，你发现这项任务有许多特殊要求，预估难度较大。其他同事纷纷劝你将这一任务交还给小张负责。此时，你会怎么做？

应变能力类。应变能力指的是在有压力的情境下，思考、解决问题时能够迅速而灵巧地转移角度、随机应变、触类旁通，作出正确的判断和处理的能力。考生需要对突发事件迅速作出反应，并采取适当方法和措施予以妥善解决。

例题

单位组织全体职工开展户外拓展训练活动，在活动过程中，有好几名职工相继摔伤，不少职工因此质疑活动的安全性，现场一片混乱。假如你是此次活动的负责人，此时你会如何应对？

激励能力类。激励能力是指考生在带领团队完成工作任务时，能采取有效的激励方法，凝聚团队力量，达成团队目标的能力。该类能力通常通过设置情境进行考查。

例题

新职工小王因对工作内容和流程不熟悉，经常加班到很晚，这严重影响了他的日常工作状态，导致工作失误频发。作为经验丰富的老职工，对此，你会怎么做？

政策理解与落实能力类。政策理解与落实能力是指考生充分理解和把握相关政策，并就如何落实和贯彻政策提出针对性强、可行性高的措施的能力。

例题

习近平总书记在全国宣传思想工作会议上发表重要讲话时强调，要扎实抓好县级融媒体中心建设，更好引导群众、服务群众①。请你结合当前县级融媒体中心建设现状，谈谈如何推动基层宣传工作走深走实。

考查语言表达能力。语言表达能力指的是通过口头语言，清楚、流畅、准确地表达自己思想、观点、意见和建议的能力。一般作为观察要素，不设置具体的题目。

考查举止仪表。在举止仪表方面，通常要求考生做到穿着打扮得体，举止大方，无多余动作，同时处变不惊，具有优秀的职业气质和风度。一般作为观察要素，不设置具体的题目。

（4）按试题形式来分，结构化面试中的问题可以划分为以下三种。

第一种：文字＋数据型题目。这类试题中一般会出现数字、百分比、分数等相关数据，这是剖析试题的关键性信息，也是试题的切入点，通常能够揭示出隐藏于数据背后的深层问题。

例题

近年来，中国网络文学市场渐趋成熟，也涌现出不少既叫好又叫座的由网络文学改编的影视作品。据统计，中国网络文学用户规模超4.6亿人，中国网络文学作品累计规模超2590万部。对此，你怎么看？

第二种：文字＋图片型题目。这类试题一般通过文字设问，图片提示关键内容的形式出现。此类试题主要考查考生对图片内容的观察、理解和思考能力，以及将视觉化内容转化为语言表达并进行逻辑性输出的能力。

---

① 《习近平：举旗帜聚民心育新人兴文化展形象 更好完成新形势下宣传思想工作使命任务》，新华社，2018-08-22。

第三种：综合材料型题目。这类试题由若干段材料组成，共同围绕同一事物或共同指涉同一主题，形式上不拘泥于纯文字，有可能结合数据、图片等，聚焦材料中的不同角度设置多个问题，综合考查多种要素。

综合材料型试题除了要求考生读懂材料和设问以外，还需要考生对材料有较为宏观的把握，厘清各材料之间的前后联系、逻辑关系等。

📋 例题

材料一：

中共中央总书记习近平 4 月 2 日上午在参加首都义务植树活动时强调，每年这个时候，我们一起参加义务植树，就是要倡导人人爱绿植绿护绿的文明风尚，让大家都树立起植树造林、绿化祖国的责任意识，形成全社会的自觉行动，共同建设人与自然和谐共生的美丽家园。①

习近平总书记还强调，生态文明建设是新时代中国特色社会主义的一个重要特征。加强生态文明建设，是贯彻新发展理念、推动经济社会高质量发展的必然要求，也是人民群众追求高品质生活的共识和呼声②。我们要牢固树立"绿水青山就是金山银山"理念，坚定不移走生态优先、绿色发展之路，增加森林面积、提高森林质量，提升生态系统碳汇增量，为实现我国"双碳"目标、维护全球生态安全作出更大贡献。

材料二：

2020 年 12 月 31 日，自然资源部党组印发了《自然资源部高层次科技创新人才工程实施方案》（以下简称《实施方案》），依据《实施方案》的总体目标，科技创新人才工程将围绕履行自然资源"两统一"等职责使命要求，有计划地发现、培养、激励一批在自然资源重大基础研究、技术研发和重大工程实施等方面创新能力强、业绩突出的高层次创新人才，壮大青年科技人才队伍。

---

①②《习近平在参加首都义务植树活动时强调 倡导人人爱绿植绿护绿的文明风尚 共同建设人与自然和谐共生的美丽家园》，新华社，2021-04-02。

材料三：

2020 年 6 月 25 日是我国第 30 个全国土地日，本次全国土地日的宣传主题是"节约集约用地 严守耕地红线"。围绕这一主题，自然资源部开展了节约集约用地、加强耕地保护以及新《中华人民共和国土地管理法》实施等内容的系列宣传活动，并在门户网站和微博、微信公众号开设土地日宣传专栏和矩阵。

31 年来，全国各地每年围绕"土地日"主题，开展了内容丰富、形式多样的宣传活动，留下了大量珍贵的史料。进一步增强全社会节约集约用地、严守耕地红线的意识，更好地落实最严格的耕地保护制度和最严格的节约用地制度。A 地自然资源管理部门计划征集 31 年来该地"土地日"相关历史资料，并拟选出部分珍贵历史资料出版。

问题 1：习近平总书记强调，生态文明建设是新时代中国特色社会主义的一个重要特征[①]。对此，你是怎么理解的？

问题 2：请具体谈谈你将如何承担起植树造林、绿化祖国的责任？

问题 3：对于《实施方案》，你是怎么理解的？为使得该政策得到更好的落实并取得成效，请你提出建议。

问题 4：今年的"全国土地日"即将来临。如此次的"全国土地日"活动由你负责统筹策划，请你为此提出至少三个活动主题，并具体谈谈如何执行好该工作。

问题 5：A 地自然资源管理部门计划征集 31 年来该地"土地日"相关历史资料。假如此事由你负责，你会如何获得所需资料？

2. 结构化面试流程

一般来说，在面试引导员的指引下，考生先在候考室进行抽签，决定正式面试的先后顺序，并依次由引导员带入面试考场，考生不得将任何物品带

[①] 《习近平在参加首都义务植树活动时强调 倡导人人爱绿植绿护绿的文明风尚 共同建设人与自然和谐共生的美丽家园》，新华社，2021-04-02。

进考场。考场内除了有若干名考官外，还设有一名监督员。监督员将现场检查试卷袋的密封性，并请考官与考生确认后签字，将题本分发给考官、题签分发给考生。考生在听到主考官宣读完面试指导语后，即可进行准备，并根据相关要求开始作答。部分单位面试会提供笔和稿纸，考生可先在稿纸上列出答题要点再作答。

若面试设置了备考环节，考生将于抽签后进入备考室，严格遵守备考规定，在限定的时间内在提供的稿纸上列出答题提纲。经备考室工作人员提示备考结束后，进入面试考场。在听到考官示意答题后，根据准备好的内容直接回答。

一般情况下，当答题时间剩余一分钟或答题时间结束时，监督员会进行示意，常采用举牌的方式。答题时间结束时，考生必须停止作答。面试结束后，考生不得与考官有任何交流，并按秩序离开考场，此时由监督员回收题本、题签和稿纸。考官则依据评分参考，结合考生的具体答题情况及其综合表现，对考生进行独立评分。

尽管结构化面试是事业单位招聘过程中最为常见的一种面试形式，但在一些特殊情况下，也会采用非结构化面试、半结构化面试、结构化小组面试等"变体"形式。这些面试与结构化面试有一定相通之处，但又衍生出了自己的特点。通过下面的小链接了解一下吧！

⚛ 小链接：非结构化面试

非结构化面试亦称"随机面试"，所提问题不需遵循事先安排好的规则和框架，考官可以根据实际情况对候选人进行随机提问。

考官与候选人面对面交流，考官可以根据候选人的情况提出不同问题，也可以任意地与候选人讨论各种话题。通常是初步了解候选人情况后进行更深一步的讨论。

该方式主要考核的要素与结构化面试相似，更侧重考查面试者的自我认知和应变能力。考官可以通过这种考查方式有针对性地了解候选人情况，并得到迅速的反馈，从而获得候选人更全面的信息。但由于该方式结构化和标准化的程度低，候选人之间可比性不强，面试的信度和效度不好把握。因此，非结构化面试更适用于候选人人数较少、应聘岗位级别较高的选拔。

⚛ 小链接：半结构化面试

半结构化面试是一种介于非结构化面试和结构化面试之间的面试。它结合两者的优点，可以有效避免单一方法上的不足。面试前一般会提前准备一些重要问题，但不要求按照固定次序提问，且考官之间可讨论在面试过程中出现的、需进一步调查的问题。

半结构化面试通常由固定问题和非固定问题组成，考试时长根据实际测试内容确定。

固定问题及其测评要素与结构化面试相似，由考官根据预设的问题对候选人提问。

非固定问题常见形式为追问，追问的内容围绕候选人对固定问题的作答情况、过往的工作项目经历、岗位需要的能力等。考官可根据预设的追问方向提问，也可"想到什么问什么"。

除追问方式外，半结构化面试也可以由结构化面试和其他多种测评方式结合，如"结构化面试＋主题演讲""结构化面试＋述职演讲"等。

（二）无领导小组讨论

目前，我国公务员考试的面试环节大多采用结构化面试、半结构化面试、无领导小组讨论面试的模式，这些模式的完善与应用基本上都借鉴过西方国家的成功经验，并在实践中不断完善。纵观公务员考试的发展历史，我们能够很容易地发现，结构化面试在公考中一直占据很大的比重，它的全面推广是在 1990 年之后，到现在已有约 30 年的发展历程。由于无领导小组讨论这一面试形式具有较大的灵活性，便于观察考生的临场反应，从 2000 年开始，国家各部委部分直属单位招考公务员时，开始使用无领导小组讨论的面试方式。近年来，某些地区区直机关岗位及区直机关遴选公务员面试也使用这种形式。在某种程度上，公务员考试可以作为事业单位考试的风向标。因此，在近几年的事业单位招聘考试中，也有越来越多单位采用无领导小组讨论的面试形式。

1.考查要素

沟通表达能力：能很好地表达自己的意思，领会他人的意图，说服别人并维护自己的观点。

综合分析能力：分析问题全面透彻、观点清晰、角度新颖，能挖掘已有观点中更深层次的元素。

人际合作能力：能够尊重别人，善于倾听他人的意见，善于把众人的意见引向一致。

你了解无领导小组讨论这种面试形式吗？无领导小组讨论就是在事先没有指明领导者的情况下，让一组报考相同或相近职位的人一起接受面试。大家会自由地就某个问题进行讨论，提出各自的见解。

在无领导小组讨论中，考官通过观察每个考生的表现，采用定性描述、定量分析以及人际比较的方法来评定各位考生的综合分析能力、组织协调能力、口头表达能力、人际关系处理能力等，以此来判断考生是否具有胜任拟任职位的能力。

这种面试要怎么评分和选拔呢？

应急应变能力：面对变化的情况，迅速作出反应，采取适当方法和措施予以妥善解决。

组织协调能力：消除紧张气氛，创造积极发言的气氛，有效说服别人，善于调解争议。

总结概括能力：把各种观点进行归类，找到观点间的联系，概括总结出不同意见。

听起来有点复杂。这种面试方式有什么好处吗？

无领导小组讨论的方式能够模拟具体情境，能让考生在多维的人际互动情境中展示出更加丰富的个人信息和言行细节，更容易判断考生是否具有胜任拟任职位的能力。

2. 面试考场

无领导小组讨论的考场设置以考官能最大限度地观察每个考生的表现、考生之间也便于互相交流为原则。图4-4就是两种常见考场布置。

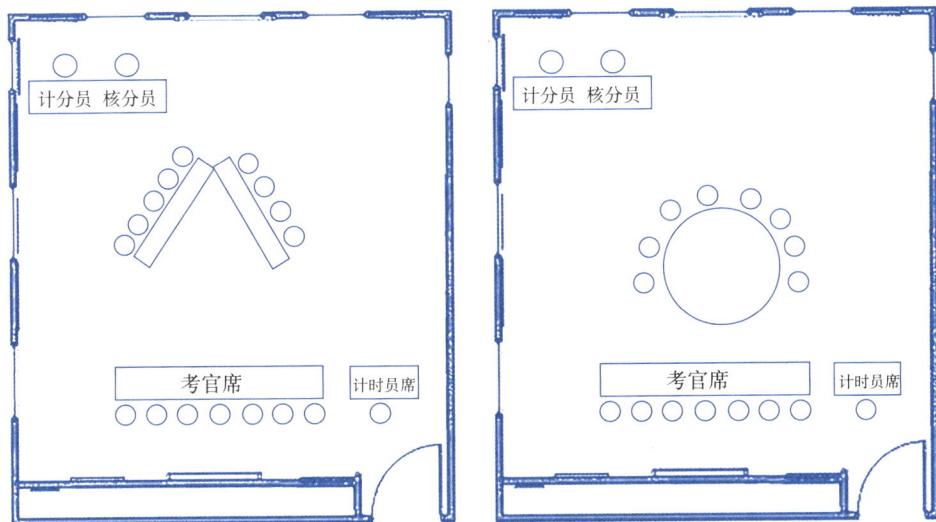

图4-4　无领导小组讨论面试考场布局示例

3. 面试流程

（1）考生入场。由工作人员引导考生排队入场，考生入座。主考官确认考生的编号和位置后，宣布考试纪律和规则并发放材料，宣读指导语。一般情况下，由主考官宣布讨论开始，并重申讨论要求、时限和最后达成的目标。

（2）阅读材料。考生独立阅读材料，分析材料中提出的问题，形成个人的观点和看法，准备好自己的建议方案。

（3）个人陈述。考生进行个人陈述，阐述自己的观点。

（4）自由讨论。考生可自由参与讨论，发表自己的见解，提出解决问题的意见建议等。考生不但要阐述自己的观点，而且要对别人的观点提出意见。

（5）总结陈述。一般情况下，讨论过程中产生的小组代表将代表小组总结陈述观点；有些情况下，每位考生均需作总结陈述。

（6）退场核分。面试结束，考官宣布考生退场，考生按要求退场。考官根据考生表现单独评分，主考官在成绩单上签字。

> 来一道真实的无领导小组讨论面试题目，实际感受下吧！

试题展示

背景

某县大多数街道、社区、村通过整体联动，上下结合，基本实现了"妇女之家"全覆盖。但是通过最近一次全县组织的调研发现，各村的"妇女之家"仍存在不少问题。

首先，在实际工作中，少数村重视程度不够，虽然设立了办公室、挂了牌，但是其负责人只当作形式主义，没有真正认识到工作的重要性和必要性，导致工作效果不明显，妇女群众积极性没有被充分调动起来，"妇女之家"形同虚设。

其次，活动经费不足，对开展"妇女之家"工作造成较大的约束。

由于村级财力有限、经费少，"妇女之家"没有专项经费，硬件设施不能满足实际需求，诸如妇女培训、服务、文体等一些有益的活动无法开展，在一定程度上影响了妇女群众参与建设的主动性。此外，较少的经费投入也形成了单纯依赖政府的单一模式。单一模式的投入是有限的，也难以持久地适应社区团队快速发展的需求。

再次，部分村妇女干部文化水平偏低，主动学习的意识不强，服务能力有待提高；也有部分干部组织纪律性差，工作随意性大，为民服务意识低；还有部分干部应付思想严重，工作热情不高，见工作就躲，见难题就绕，得过且过，进取意识消沉。这些都导致"妇女之家"组织软弱涣散，号召力和凝聚力都不强，未能充分发挥作用。

最后，由于村"妇女之家"负责人均由村妇代会主任兼任，她们身兼数职，为了应付诸多上级派下来的任务，往往把"妇女之家"的工作搁浅，这在很大程度上影响了"妇女之家"功能的发挥。而且，部分村"妇女之家"，开展活动较少，或活动内容单一，局限于开会、培训等，缺乏创新，没有把"妇女之家"一室多用的功能充分发挥起来。

县里现有的资源：

（1）完善的网络条件；

（2）市巾帼科技致富带头人85户；

（3）三所培训学校，有各种实用技术、创业技能、健康保健等的专业培训老师；

（4）藏书量一般的图书馆；

（5）面积较大但设施陈旧的体育馆；

（6）有温泉、漂流、森林公园等旅游景点；

（7）独特的气候适宜种植反季节蔬果及较多省内著名的特产；

（8）县到乡镇通二级水泥路，已实现村村通公路；

（9）市直属医院两所，且有若干医疗机构；

（10）一支作风优良的干部队伍。

问题

假如你是该县的妇女联合会副主席，请通过整合上述资源来对"妇女之家"的问题提出解决方案。

（三）结构化小组面试

在事业单位的面试中，还有一种较为创新的面试形式——结构化小组面试，它是结构化面试和无领导小组讨论的结合体。这是一种"环环相扣"的面试，在实际操作中，考生必须尽快熟悉面试规则，并及时作好发言准备。

结构化小组面试一般为3~5名考生一组，一同进行考试。考生需要在规定时间内按照一定顺序轮流作答指定题目，之后还要互相点评、回应。因此，这是一种高互动性的面试，相较于其他常规面试，难度上也有一定的提升。

1.结构化小组面试与结构化面试的异同

结构化小组面试的题目设置与结构化面试类似，均为固定的题目，其考查要素也基本相同。与结构化面试不同的是，除常规评分要素之外，结构化小组面试的评分要点还包含考生在点评、回应中的表现，如点评的针对性、回应的说服力、临场应变能力等，因此能更为全面地考查考生能力。

2.结构化小组面试与无领导小组讨论的异同

与无领导小组讨论类似的是，结构化小组面试也需要考生之间进行观察和交流，在这一过程中考官可以观察考生的各项能力和个性特征。但与无领导小组讨论不同的是，结构化小组面试的交流互动是"一对一"的，发言方向也被限定为明确的"点评—回应"式，必须按照规定顺序发言。

可以说，无领导小组讨论给了考生更大的发挥空间，倾向于发掘考生更多的"可能性"，一些情况下还需要考生在集体讨论中自由发言，达成一致意见。而结构化小组面试则给予每个考生同等的发言和展示机会，也让整个面试的走向和流程更明确，更易于把控，便于考官考查特定的要素。

能不能演示一下这种面试具体是怎样进行的呢？

当然可以，请见表4-4。

　　和前面所说的两种面试一样，结构化小组面试也有考生抽签、入场等环节，相关的要求也基本相同。当考生入场之后，主考官将宣读指导语，考生根据主考官的指导语指引进行面试。以一场总时长为 30 分钟、3 名考生为一组的面试为例，具体的面试流程如下（见表 4-4）。

表 4-4　结构化小组面试流程

轮流答题环节	考生按抽签号 1、2、3 对题目一、二、三轮流进行答题（每位考生答 3 题），顺序如下： 题目一：考生 1、2、3。 题目二：考生 2、3、1。 题目三：考生 3、1、2。 每人每题限时 2 分钟，共计 18 分钟。
点评与回应环节	考生 1 依次对考生 2、3 的答题情况进行点评，点评每位考生限时 1 分钟；考生 2、3 分别对考生 1 的点评进行回应，每人回应限时 1 分钟。 考生 2 依次对考生 3、1 的答题情况进行点评，点评每位考生限时 1 分钟；考生 3、1 分别对考生 2 的点评进行回应，每人回应限时 1 分钟。 考生 3 依次对考生 1、2 的答题情况进行点评，点评每位考生限时 1 分钟；考生 1、2 分别对考生 3 的点评进行回应，每人回应限时 1 分钟。 共计 12 分钟。
合计	30 分钟（每组 3 名考生）

　　在每个时间节点，主考官会发出言语指示，如"请 1 号考生回答题目一""请 1 号考生依次对 2、3 号考生的答题情况进行点评"等。考生在答题 / 点评 / 回应完毕时，一般也需按要求说出"答题 / 点评 / 回应完毕"的口令，以进入下一个时间节点。

　　需要注意的是，考生提前答完并说出"回答完毕"的口令后，可进入下一时间节点，如果超时则会被打断。因此在构思发言时一定要充分考虑发言时间。

看完了上面的介绍，相信你已经对结构化小组面试流程心中有数。下面是一套结构化小组面试的题目，叫上小伙伴来一场实战演练吧！

例题

题目一：有人认为，个人工作成就的高低首先取决于所处的环境，然后才是自身能力水平，若环境不好，再优秀的人才也会被埋没。对此，你怎么看？

题目二：近期，单位在多个平台上开通了咨询服务，但有群众投诉称其在平台上的咨询根本得不到回应。假如领导让你处理此事，你会怎么做？

题目三：为提升离退休老干部的幸福感，单位计划开展走访离退休老干部的活动。若该活动由你来统筹，你会怎么做？

（四）实操类面试

据统计，近年来事业单位招聘考试中，专业技术类岗位（以下简称专技类岗位）的招考占比超过了90%。尤其是在事业单位占比较高的教育、科研和卫生类行业，其招聘需求几乎全部集中在专技类岗位。这意味着对考生的专业实践能力要求成为招聘考试的测查重点之一，实操类面试因而成为一种重要的考试形式。

多数专技类岗位面试都可采取实操类面试。根据形式的不同，又可分为口述实操和实际实操。

口述实操与答辩有些类似，其提问范围较广，既可针对某一操作，要求考生阐述具体操作步骤、注意事项，又可结合实际工作情境，提出问题，要求考生给出具体解决措施。

实际实操则以动手操作为主，有些题目会要求必要时辅以口述，或在操作完成后追加相关提问环节。

以教育行业专技类岗位为例，音乐教师、美术教师等岗位的面试常进行实操或技能测试，如弹唱一段指定乐曲、以指定主题作画等，有时也会有考生自选的内容。

卫生行业专技类岗位的实操类面试通常考查工作中可能会遇到的实际问题和操作，其内容和形式与相关执业资格考试相仿，包括临床思维、体格检查、基本操作等。因此，考生不只要熟悉重点操作的步骤规范，也应加强病史采集、病例分析、结果判读等能力，并全程注重医德医风。

除上述岗位外，还有种类繁多的实操类面试，如烹饪类、驾驶类、讲解员类等，一般均贴合岗位职责设置题目。

这些实操类面试一般考多久呢？

实操类面试的题目通常为1～2题，或是知识答辩类题目与实操类题目各1题。面试时长通常为5～15分钟，允许考生有一定的思考时间。

在评分标准方面，口述实操除注重对知识技能掌握的全面程度外，对用语准确性、叙述条理性也有一定的要求。在实操中，同样会对动作的标准程度、流程的流畅程度等方面赋予一定分值。在实操类面试中应当考虑充分、全面，整理好语言思路后再进行作答及操作。对于一些关键的注意事项，也可额外用言语进行补充，以充分展示对相关操作的掌握程度。

进行实操类面试时，会觉得自己做得挺完整，但有时又担心自己做得不够。有什么特别要注意的漏分点吗？

（五）说课和试讲

说课和试讲是参加教师类招聘考试的考生们非常熟悉的面试形式，也是教师行业专技类岗位招聘中最为常见的实操类面试。但在实践中，不少考生对这两种面试的理解存在偏差。下面就让我们来深入分析一下这两种面试。

相较而言，"说课"是一种课前行为，就是教师口头表述具体教学内容的教学设想及其理论依据；"试讲"是一种课堂行为。通俗地讲，说课就是介绍自己要怎么讲，为什么这么讲；试讲则是模拟真实情境来进行课堂教学。

1.说课包括说教材，说教法、学法，说教学过程。

教材包括三个方面内容，即教材简析，教学目标，重点、难点分析。

教法包括情景教学法、目标导学法、演示实验法、比较法、讨论法、归纳法、阅读法等。

学法包括观察法、归纳法、阅读法、联想法、推理法等。

教学过程包括导入、授课、练习、作业、研究性学习等。

2.试讲的内容包括导入、讲解、板书、教学评价、总结等。

导入可以采用体育故事、歌曲、名言、明知故问等形式。

说课是对课堂教学方案的探究说明，试讲是对教学方案的课堂实施，两者都围绕着教学这一个主题。试讲主要解决教什么、怎么教的问题；说课则不仅解决教什么、怎么教的问题，还要说出"为什么这样教"。

说课和试讲有什么关系？又有什么区别呢？

在讲解的过程中，需要考虑的问题主要有三个方面。一是教师通过什么方式提出哪些问题，如何促进学生积极思考，教师起到什么作用，学生参与到什么程度。二是不同的教学内容应当采用何种教学方法更有效。三是采用什么样的教学媒体来展现教学内容。

板书的设计要遵循目的性、准确性、简洁性和直观性原则。

教学评价的常见形式有课堂练习和提问。

总结是对知识进行梳理，强化学生记忆。

第三篇 数据篇

从百万考生中分析出的有趣规律

第五章
掌握公告动向

　　"思深方益远，谋定而后动"——每年几万份招聘公告使人目不暇接。本章对 2019—2023 年全国（下文所称"全国"均不含港澳台）事业单位招聘公告进行了统计分析，基于统计数据总结出一份事业单位选职报岗指南，带你拨开迷雾，做到心中有数。

　　事业单位涉及行业众多，接下来，我们将对不同行业中具有代表性的事业单位的相关考试数据进行介绍。为了便于理解，考生可以参照表 5-1 来查看不同行业类别对应的事业单位主要有哪些。

　　本篇数据主要来自全国事业单位招聘网及网才科技（广州）集团股份有限公司的全国考试数据信息库。

表 5-1　按行业类别对事业单位进行分类

行业类别	与该行业相关的搜索关键词举例
教育、科研类	学校、学院、院校、教育、中小学、大学、中学、小学、幼儿园、教师、校医、职校、教育局、教育系统、干部学校、研究院、科学院、研究所、研究中心、研究单位、科学技术
党务机关与基层组织类	人大、人大代表、组织部、宣传部、监察、纪检、政协、民主党派、中国国民党革命委员会、中国民主同盟、中国民主建国会、中国民主促进会、中国农工民主党、中国致公党、九三学社、台湾民主自治同盟、共青团、共产主义青年团、共产党、街道办、居委会、妇女联合会、工会、党群、社区

续表

行业类别	与该行业相关的搜索关键词举例
卫生类	医院、卫生所、医疗室、保健院、医疗卫生、防治院、防治站、防疫所、防疫站、检疫所、检疫站、卫生保健、康复中心、采血中心、血库、血站、卫生院、计划生育（医生、护士、护师、护工、药师、药剂师、麻醉师、影像、检验）、国家卫生健康委
文化、体育类	文化和旅游部、文化和旅游厅、文化和旅游局、艺术馆、展览馆、纪念馆、博物馆、文化宫、文化馆、文化站、艺术团、文工团、歌舞团、青少年宫、俱乐部、图书馆、文献中心、文物保护、考古队、考古所、美术馆、出版社、报社、新闻、电视、通讯社、电台、杂志社、编撰室、地方志、广播站、场馆、运动队、体育局、教练、活动营地、体育中心、运动项目管理中心、训练基地、文广新、体校、旅游和文化广电体育局、融媒体中心
社会监督管理类	经济社会调查队、金融监督管理局、房管局、住房保障和房产管理局、房地产交易中心、技术监督、质量监督、特种设备、工程监理、计量所、质量检测、商品检验、药品检验、食品检验、食品药品监督管理、统计、市场监督管理、市场监管、工商管理、发展和改革委员会、国有资产监督管理委员会、稽查
社会保障、社会福利和应急管理类	人社局、人力资源和社会保障局、人力资源和社会保障厅、人社厅、公积金管理、劳动人事争议仲裁、社会保险基金管理、社保管理中心、社保基金管理中心、医疗保险、医保、社保、就业服务、就业指导、创业园区、考试中心、职业技能鉴定、职业能力培训、留学人员服务、留服中心、劳动能力鉴定、社会保障卡、民政、福利院、养老院、孤儿院、疗养院、休养所、干休所、荣军院、殡仪馆、火葬场、烈士陵园、救助站、老年活动中心、人才交流、人才服务、行政（人才）服务、防震、防旱、防涝、防灾、防空、救灾、防风、安全生产、应急、安监、消防、国家安全、防汛、国家互联网信息办公室、档案
交通运输、仓储与邮政类	公路、桥梁、港口、航道、交通、航运、运输、收费站、铁路、高铁、客运、货运、地铁、轻轨、城轨、车站、机场、公交车、港航、运管、路政、轮渡、公交车、出租车、网约车、供销、粮库、仓库、邮政、快递
公检法与法律服务类	公安、警察、辅警、法院、检察院、书记员、法官、检察官、法医、交警、刑警、法警、监狱、拘留所、看守所、派出所、110、律师、法律援助、司法鉴定、公证、认证、知识产权、版权、专利、商标
水利、环境与公共设施管理类	水利、环境、环卫、清洁卫生、绿化、公园、游乐园、园林、环保、生态保护、海洋、河流、湖泊、自然保护区、水务、城管、城市管理、景区管理、生态环境
检测、监测服务与地质勘探类	气象、地震、天气预报、水文、监测、观测、大气监理、环境标准、测量、预测、勘察、勘探、工程设计、地质、探矿、测绘、检测、船检、车检、自然资源
农林牧渔类	农业、林业、畜牧、渔业、种子、植物保护、土壤、养殖、水产、林场、苗圃、良种、配种

第一节　备考事业单位招聘考试战线拉多长

从招聘公告发布时间来看，2019—2023 年事业单位招聘公告集中发布在 3 月，发布数量占全年的 10.89%，其次分别为 9 月、7 月、4 月、8 月，见图 5-1。

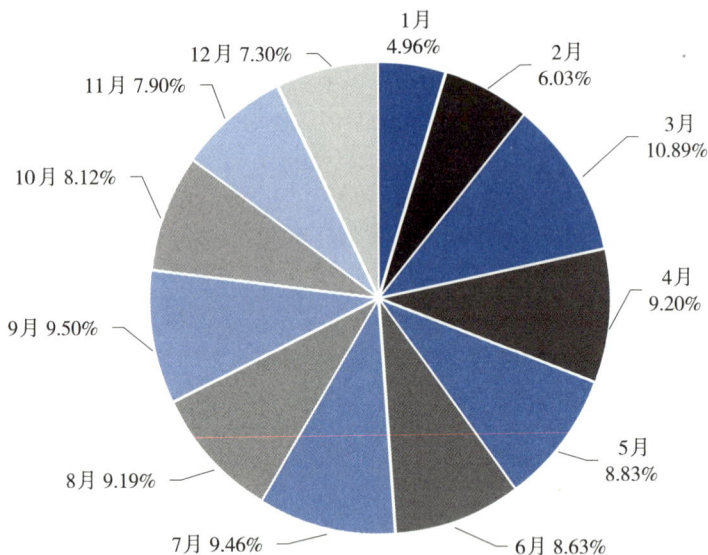

图 5-1　2019—2023 年事业单位招聘公告月度发布量占比

注：①由于四舍五入，各月份公告发布量占比之和不一定恰为 100%，可能略有偏差，特此说明，下同。

②除另有说明外，本篇中数据均来自全国事业单位招聘网及网才科技（广州）集团股份有限公司的全国考试数据信息库，数据搜集时间为 2019 年 1 月 1 日至 2023 年 12 月 31 日。其中，考试招聘整体情况属于普查数据，并从中抽取样本进行岗位需求分析，可反映全国事业单位招聘考试的现状。考生数据为网才科技（广州）集团股份有限公司的全国考试数据信息的抽样，反映网才科技（广州）集团股份有限公司服务的事业单位招聘考试的情况，可一定程度上为全国考生提供参考。以下不再一一说明。

从招聘公告发布时间来看（见表 5-2），2019—2023 年事业单位招聘公告发布数量在各月较为平均，其中 3—9 月的月均发布数量占全年比重在 8% 以上，1 月、2 月则是全年发布数量相对较少的月份。

从各行业事业单位的招聘公告发布情况来看，教育、科研类事业单位的招聘公告数在上半年整体呈先增后减的趋势，在 3 月出现全年次高峰，在 7

表5-2 2019—2023年各类事业单位招聘公告月度发布量占比

单位：%

	教育、科研类	党务机关与基层组织类	卫生类	文化、体育类	社会监督管理类	社会保障、社会福利和应急管理类	交通运输、仓储与邮政类	公检法与法律服务类	水利、环境与公共设施管理类	检测、监测服务与地质勘探类	农林牧渔类
1月	5.26	4.63	5.59	5.40	4.08	4.51	4.66	4.69	4.39	5.13	4.89
2月	5.56	6.39	5.79	5.22	7.59	6.87	5.94	6.37	6.17	5.62	5.61
3月	10.94	8.78	11.09	11.21	10.85	11.11	11.38	10.20	11.85	12.79	11.33
4月	9.25	7.65	9.76	10.03	8.90	9.12	9.29	9.10	9.14	9.92	8.94
5月	8.95	8.31	9.25	9.45	8.74	9.00	9.58	8.97	9.59	8.66	7.97
6月	9.65	8.47	8.63	7.79	8.80	8.89	8.07	9.15	9.18	7.63	8.37
7月	11.11	9.42	8.76	9.62	9.01	8.42	8.75	9.21	9.04	8.78	8.68
8月	9.64	10.25	8.66	9.21	9.34	8.67	8.66	10.13	8.08	8.06	10.27
9月	8.39	10.63	8.67	9.85	8.94	8.71	11.01	9.46	10.13	9.41	10.84
10月	7.68	9.01	7.20	7.67	8.57	8.34	8.83	8.08	8.59	8.18	9.25
11月	6.95	8.49	8.10	7.36	8.40	8.65	7.17	8.55	7.87	8.78	6.80
12月	6.62	8.00	8.50	7.20	6.78	7.71	6.65	6.09	5.96	7.03	7.06
全年合计	100	100	100	100	100	100	100	100	100	100	100

注：由于四舍五入原因，全年合计并不一定恰为100%，可能略有偏差，全书其他图表同此处理，不再赘释。

月出现全年最高峰，下半年公告数呈逐渐减少的趋势；党务机关与基层组织类事业单位的招聘公告发布高峰在 8—9 月；卫生类，文化、体育类，社会保障、社会福利和应急管理类，检测、监测服务与地质勘探类事业单位的招聘公告发布高峰在 3—4 月；社会监督管理类、公检法与法律服务类事业单位的招聘公告发布高峰在 3 月和 8 月；交通运输、仓储与邮政类以及水利、环境与公共设施管理类事业单位的招聘公告发布高峰在 3 月和 9 月；农林牧渔类事业单位的招聘公告发布高峰则在 3 月和 8—9 月（见图 5-2）。

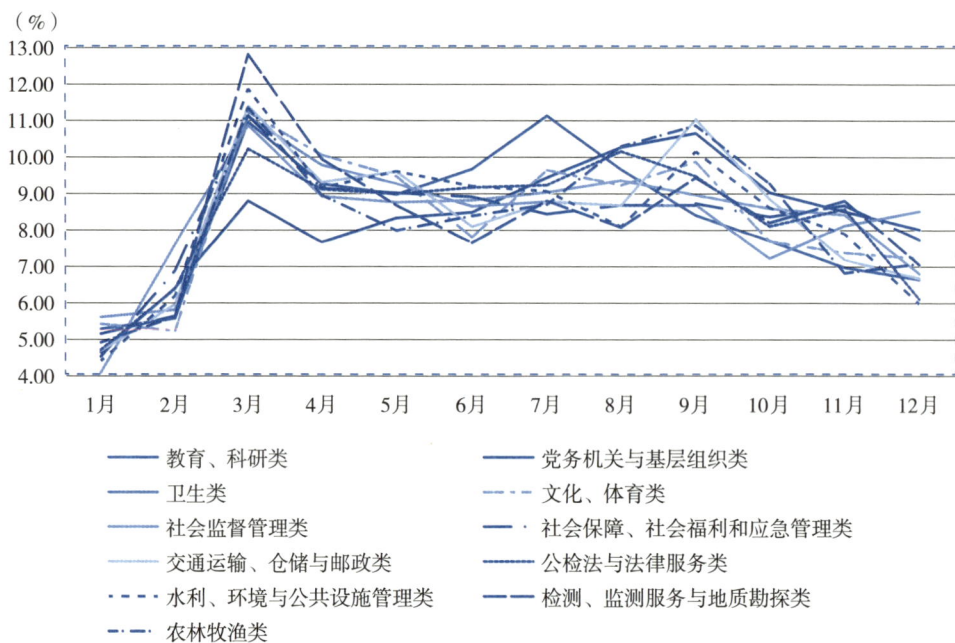

图 5-2　2019—2023 年各类事业单位招聘公告发布月度分布情况

2019—2023 年，各省份事业单位招聘公告发布时间多集中在 3—5 月和 7—9 月（见表 5-3）。

2019—2023 年，我国各地区事业单位招聘公告月度发布情况见表 5-4。

表5-3　2019—2023年各省份事业单位招聘公告月度发布量占比

单位：%

	1月	2月	3月	4月	5月	6月	7月	8月	9月	10月	11月	12月	全年合计
广东省	5.92	5.86	10.64	8.48	8.48	8.11	9.57	10.01	10.09	8.12	7.24	7.49	100
浙江省	4.91	6.37	12.34	8.80	8.88	8.02	8.76	9.20	10.20	8.34	7.82	6.37	100
北京市	4.73	6.65	11.27	9.64	8.13	8.18	8.19	8.08	9.80	9.09	8.75	7.48	100
江苏省	4.87	5.58	11.64	8.45	9.39	9.24	9.08	8.85	9.30	8.28	7.97	7.35	100
四川省	4.56	5.43	10.63	10.34	8.93	7.62	9.06	8.83	8.72	10.00	8.42	7.46	100
重庆市	5.67	5.73	9.72	8.67	8.43	8.52	10.27	9.65	10.49	7.27	7.80	7.78	100
山东省	5.02	5.46	10.81	10.77	10.63	9.61	8.22	8.83	9.36	7.51	7.47	6.30	100
上海市	4.67	6.30	10.50	8.21	8.54	8.96	9.24	8.84	9.75	8.81	8.72	7.46	100
湖南省	5.66	5.39	10.07	10.45	10.40	9.28	10.56	8.13	8.91	6.68	6.90	7.58	100
江西省	5.43	6.31	9.27	8.39	8.91	9.28	10.33	10.15	9.19	8.30	7.28	7.15	100
贵州省	4.74	5.13	9.36	10.28	7.89	8.97	10.84	10.00	9.42	7.93	8.45	6.99	100
湖北省	5.20	5.31	11.65	11.37	8.54	7.99	9.05	8.38	10.24	7.63	7.63	6.99	100
山西省	3.87	5.62	9.08	8.53	8.29	9.63	11.01	9.58	9.31	7.87	8.31	8.89	100
广西壮族自治区	6.29	5.81	11.80	7.88	8.18	7.93	10.10	8.01	9.52	8.29	8.10	8.09	100
安徽省	4.60	6.77	10.96	9.09	9.53	8.71	10.28	10.02	9.02	7.11	7.40	6.52	100
辽宁省	4.40	5.83	9.32	8.19	8.74	9.27	10.90	9.57	9.42	8.08	8.48	7.80	100

续表

	1月	2月	3月	4月	5月	6月	7月	8月	9月	10月	11月	12月	全年合计
河北省	4.36	5.50	9.26	8.00	8.89	9.22	10.76	9.95	9.30	8.26	8.28	8.21	100
云南省	5.21	5.79	12.14	11.93	9.51	7.10	8.09	9.78	9.76	7.62	6.14	6.93	100
河南省	5.19	5.78	9.67	8.05	7.90	8.69	10.23	10.44	11.09	8.89	6.42	7.65	100
福建省	5.49	5.98	12.30	9.35	8.60	8.40	10.13	9.90	8.96	7.35	6.45	7.08	100
黑龙江省	3.95	5.57	9.06	8.96	9.32	8.85	9.96	9.64	9.20	8.22	9.29	7.99	100
海南省	4.93	6.33	10.36	9.15	9.90	8.20	10.91	6.84	10.11	7.34	7.19	8.75	100
新疆维吾尔自治区	5.42	6.35	11.16	11.26	7.80	9.19	9.76	8.88	9.25	6.77	7.39	6.77	100
天津市	4.22	5.88	10.47	9.54	8.91	9.07	9.07	9.24	8.97	8.16	8.76	7.72	100
陕西省	4.84	5.37	10.63	10.54	9.44	8.67	9.79	8.55	9.70	7.71	7.66	7.10	100
吉林省	3.97	5.89	8.60	8.38	9.01	9.45	10.41	10.06	9.66	8.18	8.99	7.41	100
内蒙古自治区	3.86	5.49	9.81	9.25	9.34	9.24	9.70	9.49	9.46	8.04	8.67	7.65	100
甘肃省	5.06	4.48	11.37	11.19	10.51	9.87	8.06	9.53	10.32	6.90	7.00	5.71	100
青海省	4.96	7.01	9.71	11.54	7.55	8.85	8.31	8.09	10.79	8.52	7.55	7.12	100
宁夏回族自治区	5.09	4.62	9.71	10.64	6.71	8.67	9.60	10.17	9.25	7.86	10.17	7.51	100
西藏自治区	3.52	5.79	8.58	9.72	9.20	6.93	11.27	10.44	9.93	8.27	9.10	7.24	100

表5-4　2019—2023年各地区事业单位招聘公告月度发布量占比

单位：%

	华北地区	东北地区	华东地区	华中地区	华南地区	西南地区	西北地区
1月	4.20	3.96	5.04	5.88	6.88	5.71	6.30
2月	5.40	5.16	6.27	6.11	6.94	6.47	6.33
3月	9.32	8.26	11.70	11.38	13.57	12.47	12.88
4月	8.98	8.61	9.11	9.69	8.45	10.60	11.50
5月	9.08	9.57	8.98	8.57	7.76	8.02	7.88
6月	9.16	9.40	8.72	7.90	7.45	7.28	7.96
7月	9.88	10.75	9.32	9.07	9.05	8.30	8.02
8月	9.46	10.06	9.21	9.04	8.14	8.73	8.37
9月	9.88	9.77	9.20	9.89	9.53	9.52	9.45
10月	8.36	8.39	7.95	8.01	7.49	8.68	7.03
11月	8.47	8.28	7.59	7.33	7.59	7.36	7.83
12月	7.83	7.80	6.91	7.14	7.15	6.86	6.44
全年合计	100	100	100	100	100	100	100

　　根据2019—2023年我国事业单位招聘公告发布时间的相关数据可知，全年事业单位招聘公告发布时间主要有两个小高峰，分别在3—4月与7—9月，考生应抓住时机提前备考。

第二节　各省份事业单位招聘公告发布数量大盘点

2019—2023 年，各省份事业单位招聘公告发布数量最多的三类行业依次为教育、科研类，卫生类以及公检法与法律服务类，分别占所有类别事业单位招聘公告发布总数的 31.87%、17.70% 和 12.80%（见图 5-3）。

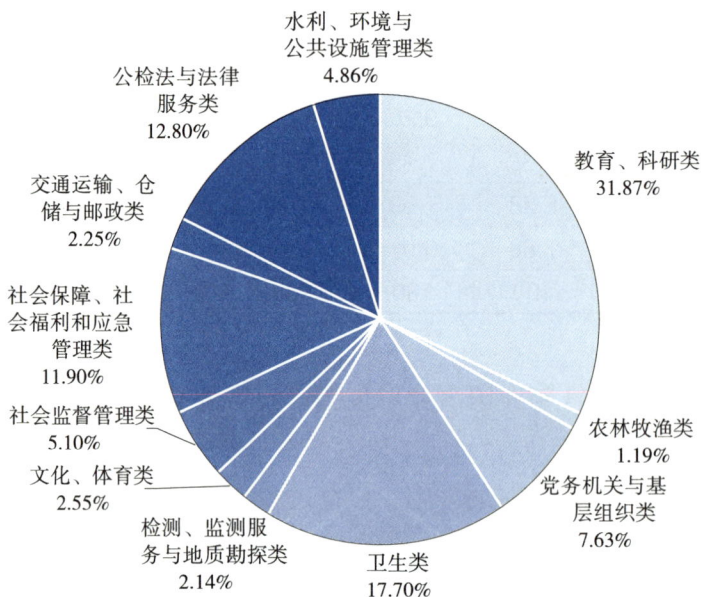

图 5-3　2019—2023 年各省份各类事业单位招聘公告发布数量占比

根据 2019—2023 年各省份事业单位招聘公告发布数量的数据可知，北京市、浙江省招聘公告发布数量位居前列，如图 5-4 所示。其中，广西壮族自治区、云南省、重庆市、贵州省、陕西省、甘肃省、海南省、新疆维吾尔自治区、西藏自治区、青海省、宁夏回族自治区 2019—2023 年事业单位招聘公告发布数量占全部招聘公告数量的比例均小于 2%。

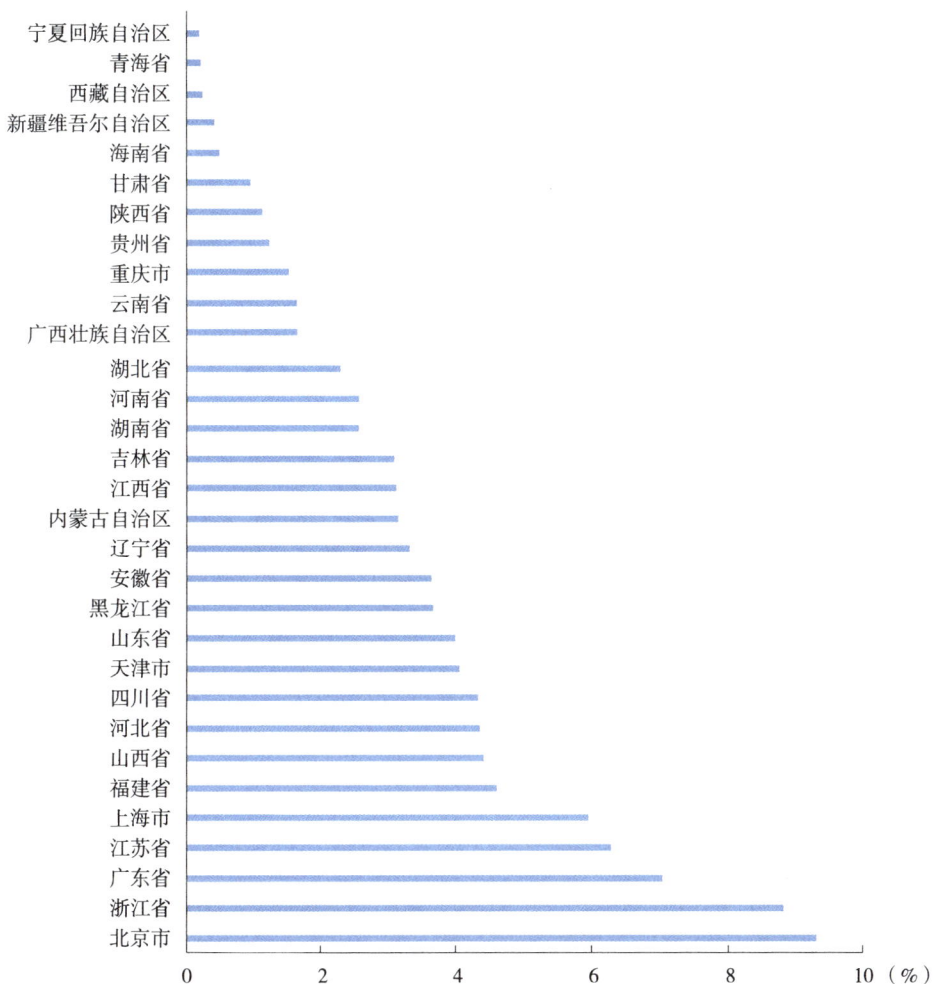

图 5-4　2019—2023 年各省份事业单位招聘公告发布数量占比

2019—2023 年，各省份各行业事业单位发布的招聘公告占比情况如表 5-5 所示。

表5-5　2019—2023年各省份事业单位招聘公告发布数量在各行业内占比

单位：%

	教育、科研类	党务机关与基层组织类	卫生类	文化、体育类	社会监督管理类	社会保障、社会福利和应急管理类	交通运输、仓储与邮政类	公检法与法律服务类	水利、环境与公共设施管理类	检测、监测服务与地质勘探类	农林牧渔类
广东省	7.02	9.39	7.96	6.26	3.34	5.09	4.64	7.77	7.80	7.01	6.59
浙江省	7.47	9.22	10.03	10.74	5.93	7.37	11.51	10.99	10.51	10.72	7.49
北京市	10.65	7.78	7.03	11.13	12.10	10.89	6.48	6.90	10.16	11.07	9.56
江苏省	6.95	5.59	6.27	4.76	4.83	4.69	5.33	7.26	6.99	5.76	5.43
四川省	3.17	4.07	6.29	5.19	1.96	4.36	3.49	5.39	3.76	4.62	5.81
重庆市	1.43	1.29	2.38	1.04	0.64	1.30	1.29	1.64	1.24	1.01	1.25
山东省	4.11	3.07	4.86	4.18	2.44	2.49	3.54	4.37	5.85	3.81	2.99
上海市	6.29	5.54	4.32	6.26	8.51	7.01	16.15	4.04	6.28	4.03	4.88
湖南省	2.75	2.22	2.32	2.69	1.94	2.05	2.46	3.39	2.29	2.43	3.02
江西省	2.91	3.06	3.02	3.07	3.22	2.72	3.55	3.78	3.25	4.00	3.02
贵州省	1.05	1.10	1.28	1.68	0.89	1.12	1.87	1.73	1.13	1.18	2.35
湖北省	2.54	1.91	2.34	2.08	1.80	1.70	1.78	2.37	2.03	4.11	1.92
山西省	3.91	5.87	4.15	3.73	6.24	6.04	2.91	3.78	3.50	3.20	4.44
广西壮族自治区	1.90	1.57	1.31	1.99	1.74	1.47	1.52	1.42	1.45	3.02	2.38
安徽省	3.61	4.52	4.07	2.96	3.38	3.17	2.46	3.90	2.75	2.53	3.22
辽宁省	3.18	3.63	3.25	2.62	4.06	3.88	2.48	3.11	2.66	3.14	3.37
河北省	3.94	5.14	3.79	3.83	5.83	5.92	2.92	4.36	3.75	3.60	4.50

续表

	教育、科研类	党务机关与基层组织类	卫生类	文化、体育类	社会监督管理类	社会保障、社会福利和应急管理类	交通运输、仓储与邮政类	公检法与法律服务类	水利、环境与公共设施管理类	检测、监测服务与地质勘探类	农林牧渔类
云南省	1.65	1.34	1.92	3.66	1.11	1.54	2.17	1.37	1.30	1.26	2.21
河南省	3.26	1.78	2.67	2.38	2.10	2.05	1.38	2.48	1.69	1.78	1.89
福建省	5.18	4.33	4.28	4.71	3.73	4.16	4.35	4.10	5.39	4.85	4.07
黑龙江省	3.35	4.18	3.30	2.39	5.18	4.59	2.43	3.59	3.71	2.50	4.18
海南省	0.63	0.18	0.58	0.65	0.27	0.17	0.54	0.52	0.64	0.85	0.76
新疆维吾尔自治区	0.50	0.27	0.41	0.59	0.34	0.24	0.67	0.32	0.74	0.56	1.31
天津市	3.77	4.12	3.68	3.18	6.66	5.56	2.79	3.14	3.69	4.03	4.07
陕西省	1.29	0.80	1.23	1.12	0.54	0.66	5.01	0.92	1.08	0.93	1.07
吉林省	2.90	3.19	3.11	2.29	4.31	3.95	2.14	2.77	2.45	2.90	2.82
内蒙古自治区	2.92	3.36	2.66	3.04	5.27	4.42	2.05	2.64	2.37	2.80	3.46
甘肃省	1.00	0.83	0.91	1.01	0.59	0.66	1.24	1.38	0.77	1.17	1.13
青海省	0.23	0.22	0.23	0.32	0.32	0.21	0.28	0.21	0.20	0.37	0.20
宁夏回族自治区	0.23	0.16	0.17	0.20	0.21	0.18	0.40	0.16	0.25	0.46	0.20
西藏自治区	0.21	0.27	0.20	0.24	0.51	0.37	0.18	0.19	0.30	0.30	0.41
全国各省份合计	100	100	100	100	100	100	100	100	100	100	100

第三节　考试形式及对考生的要求

招聘公告信息显示，2019—2023 年事业单位招聘中只进行笔试的占 2.83%，只进行面试的占 40.92%，"笔试 + 面试"相结合考查的占 56.25%（见图 5-5）。分省份来看，各省份事业单位招聘考试形式占比情况见表 5-6。

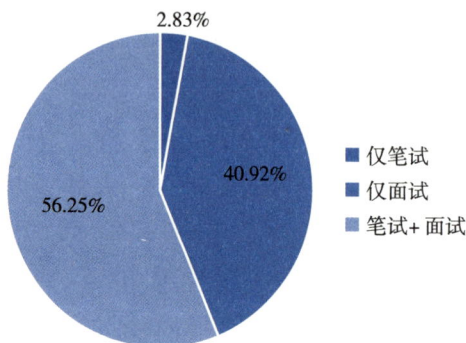

图 5-5　2019—2023 年事业单位招聘考试形式总体情况

一般来说，各类事业单位招聘考试中，主流的考查方式为"笔试 + 面试"相结合。但社会保障、社会福利和应急管理类事业单位只进行面试的比例高

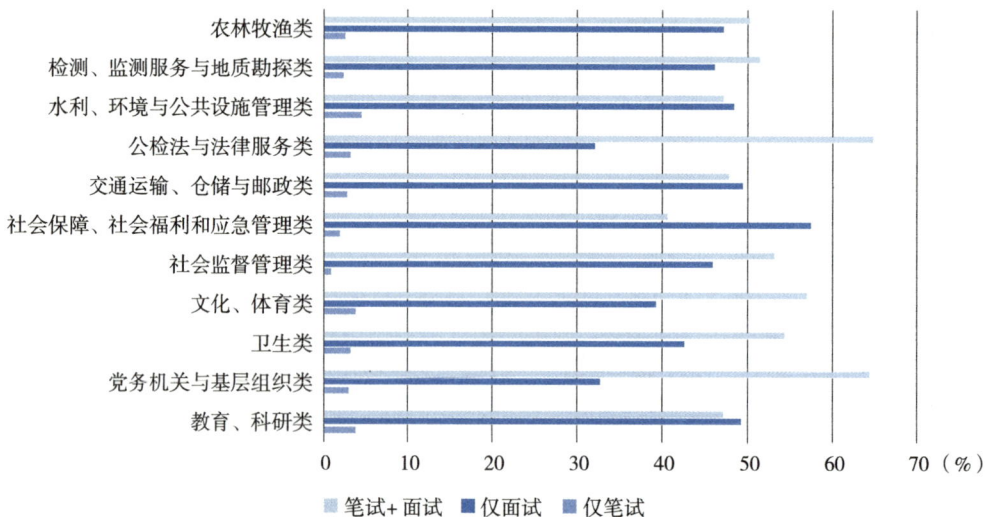

图 5-6　2019—2023 年各类事业单位招聘考试形式占比

于其他考试形式所占比例。此外，教育、科研类，社会监督管理类，交通运输、仓储与邮政类，水利、环境与公共设施管理类，检测、监测服务与地质勘探类，农林牧渔类事业单位只进行面试的比例超过45%，与"笔试＋面试"结合考查的比例较为接近（见图5-6）。

表5-6　2019—2023年各省份事业单位招聘考试形式占比

单位：%

	仅笔试	仅面试	笔试＋面试
广东省	2.21	39.92	57.87
浙江省	2.93	41.23	55.84
北京市	2.79	42.78	54.43
江苏省	3.47	34.99	61.54
四川省	2.68	38.32	59.00
重庆市	2.23	38.36	59.41
山东省	2.14	35.37	62.49
上海市	2.99	45.56	51.45
湖南省	4.80	30.86	64.34
江西省	2.53	41.24	56.23
贵州省	2.08	37.10	60.82
湖北省	2.05	38.80	59.15
山西省	3.15	40.36	56.49
广西壮族自治区	1.21	49.60	49.19
安徽省	5.69	35.68	58.63
辽宁省	2.31	42.59	55.10
河北省	2.67	40.87	56.46
云南省	2.72	43.15	54.13
河南省	3.08	39.80	57.12
福建省	2.30	47.53	50.17
黑龙江省	2.71	43.47	53.82
海南省	1.52	36.70	61.78
新疆维吾尔自治区	2.32	32.60	65.08

续表

	仅笔试	仅面试	笔试＋面试
天津市	2.23	44.87	52.90
陕西省	3.06	35.95	60.99
吉林省	2.51	45.99	51.50
内蒙古自治区	3.33	44.35	52.32
甘肃省	3.19	39.52	57.29
青海省	2.66	41.28	56.06
宁夏回族自治区	2.88	35.67	61.45
西藏自治区	2.57	44.02	53.41

　　根据面试形式进一步细分，结构化面试、结构化测试、答辩是事业单位招聘考试的主流面试方式，占全部面试方式的 67.27%（见图 5-7）。

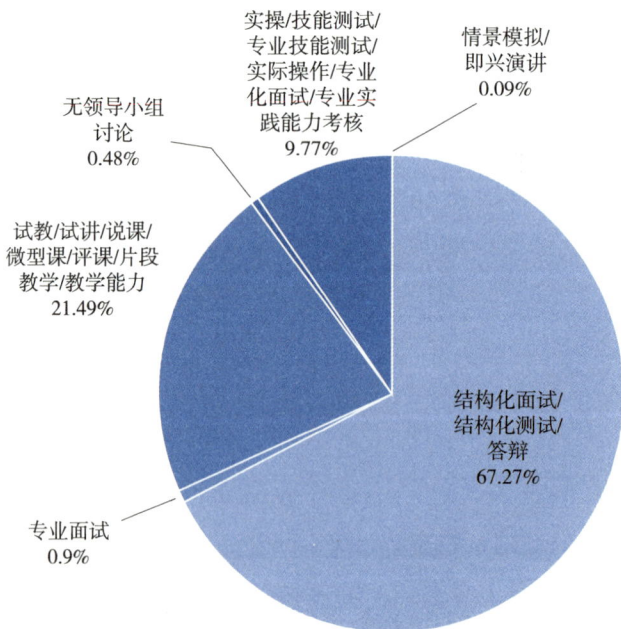

图 5-7　2019—2023 年各类事业单位招聘考试面试形式占比

　　各类事业单位招聘考试面试形式中，教育、科研类的主流面试形式包括结构化面试、结构化测试、答辩，以及试教、试讲、说课、微型课、评

课、片段教学、教学能力，其余行业均以结构化面试、结构化测试、答辩
为主（见表 5-7）。

表 5-7　2019—2023 年各类事业单位招聘考试面试形式占比

单位：%

	结构化面试 / 结构化测试 / 答辩	专业面试	试教 / 试讲 / 说课 / 微型课 / 评课 / 片段教学 / 教学能力	实操 / 技能测试 / 专业技能测试 / 实际操作 / 专业化面试 / 专业实践能力考核	无领导小组讨论	情景模拟 / 即兴演讲
教育、科研类	47.27	0.95	46.47	5.06	0.21	0.05
党务机关与基层组织类	86.77	0.10	6.04	6.12	0.89	0.08
卫生类	76.17	2.20	6.90	14.02	0.58	0.13
文化、体育类	61.26	1.55	18.72	17.73	0.33	0.41
社会监督管理类	82.65	0.33	6.05	9.83	1.09	0.05
社会保障、社会福利和应急管理类	70.69	0.88	17.08	10.84	0.37	0.12
交通运输、仓储与邮政类	70.12	0.51	17.91	11.09	0.36	< 0.01
公检法与法律服务类	77.34	0.25	5.69	16.09	0.50	0.13
水利、环境与公共设施管理类	78.87	0.38	9.89	10.27	0.60	< 0.01
检测、监测服务与地质勘探类	83.52	0.12	6.51	9.31	0.55	< 0.01
农林牧渔类	68.06	0.31	8.95	22.28	0.20	0.20

为顺应工作需求，响应国家推进应届生就业的政策，有些事业单位的岗
位的招聘公告完善了对最低学历、应届生身份与报考年龄等要求，具体见
图 5-8。

数据显示，2019—2023 年发布的事业单位招聘公告中，要求考生必须
为应届毕业生的占 44.48%。分行业看，公检法与法律服务类事业单位要求

考生为应届生身份的比例最高，占比为 64.35%，而社会监督管理类事业单位要求考生为应届生身份的比例最少，占比为 24.90%（见图 5-9）。

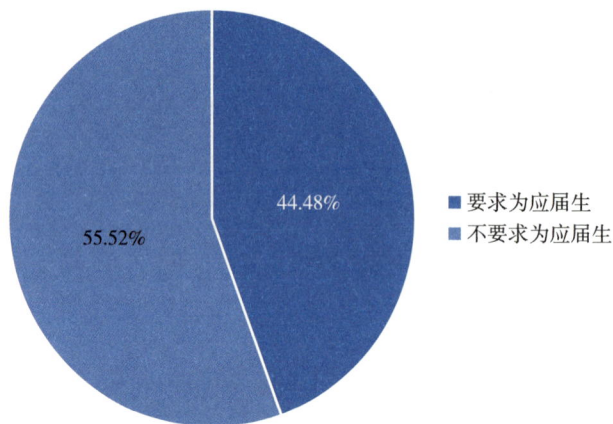

44.48%

55.52%

■ 要求为应届生
■ 不要求为应届生

图 5-8　2019—2023 年事业单位招聘考试中对考生身份的要求

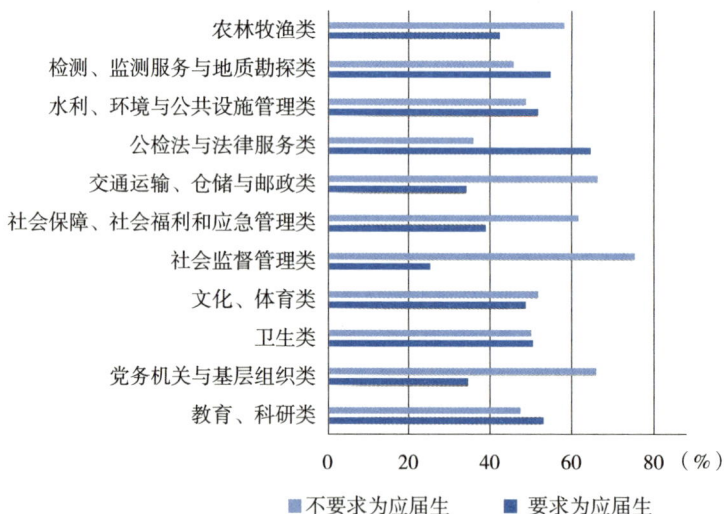

农林牧渔类
检测、监测服务与地质勘探类
水利、环境与公共设施管理类
公检法与法律服务类
交通运输、仓储与邮政类
社会保障、社会福利和应急管理类
社会监督管理类
文化、体育类
卫生类
党务机关与基层组织类
教育、科研类

0　　20　　40　　60　　80（%）

■ 不要求为应届生　■ 要求为应届生

图 5-9　2019—2023 年各类事业单位招聘考试对考生身份的要求

　　整体来看，2019—2023 年发布的事业单位招聘公告中，设置最低学历要求为本科、大专的占比较高，依次为 44.65%、27.63%（见图 5-10）。综合事业单位对学历要求的情况来看，多数事业单位设置的最低学历为本科、大专。其中，教育、科研类，交通运输、仓储与邮政类，检测、监测服务与地质勘探类事业单位的招聘公告中设置最低学历限制为硕士研究生的比例较高（见图 5-11）。

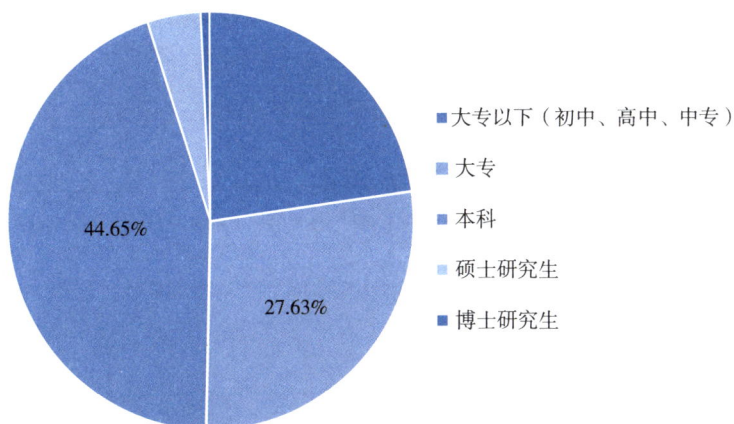

图 5-10 2019—2023 年事业单位招聘考试最低学历要求

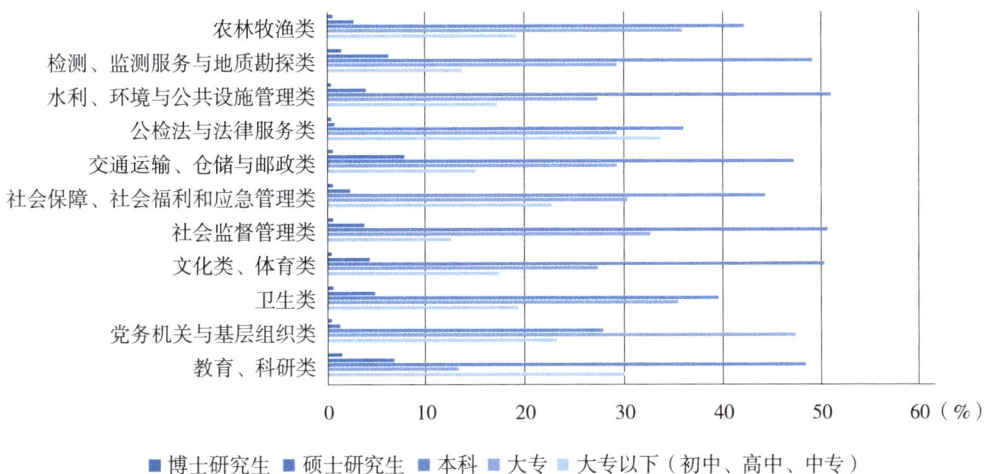

图 5-11 2019—2023 年各类事业单位招聘考试最低学历要求

在 2019—2023 年事业单位招聘考试公告中，多数公告都设置了年龄上限要求。其中，年龄上限设置在 31~35 周岁的比例最高，约占 53.31%（见图 5-12、图 5-13）。

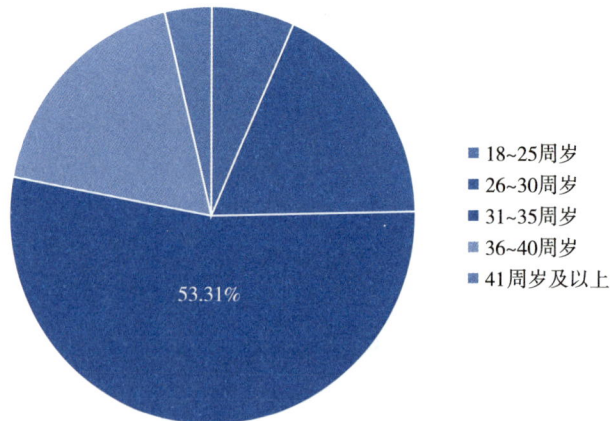

图 5-12　2019—2023 年事业单位招聘考试对考生年龄的上限要求

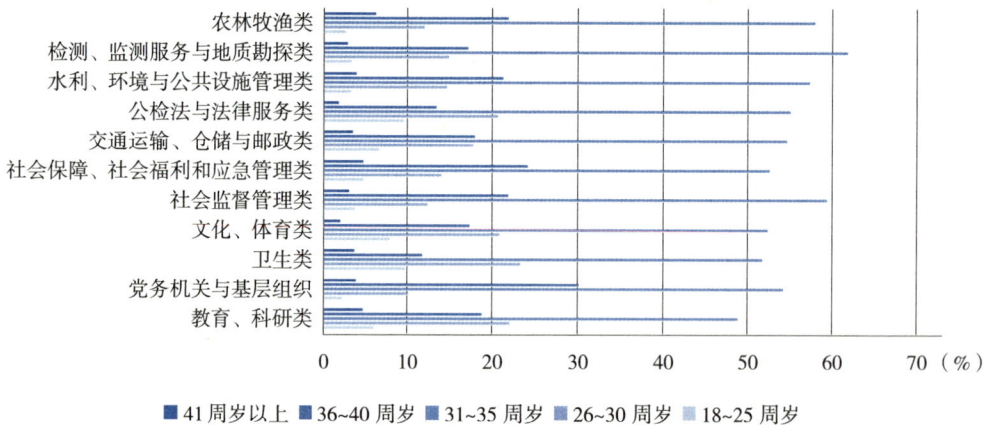

图 5-13　2019—2023 年各类事业单位招聘考试对考生年龄的上限要求

第六章
了解竞争对手

　　近年来，随着事业单位岗位竞争的加剧，考生们面临的挑战也越来越大。在这样激烈的竞争环境中，你的竞争对手是谁？他们具有什么样的特点？为了帮助你更好地"知己知彼"，本章将带领大家深入了解自己的"对手"，让你在备考过程中更有信心、更有方向。本章对参加2019—2023年全国事业单位招聘考试的考生数据进行了详细分析，勾勒出了一幅清晰的"考生整体画像"。

第一节　竞争对手特征大揭秘

一、女性报考热情整体更高

数据显示，2019—2023 年全国事业单位招聘考试中，男性考生有1376552 人，占比为 30.54%；女性考生有 3131196 人，占比 69.46%；男女考生人数比接近 1∶2.3，女性的报考热情整体更高（见图 6-1）。

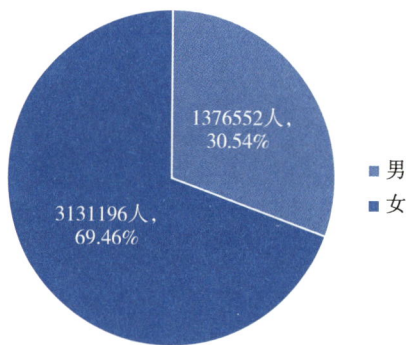

图 6-1　2019—2023 年全国事业单位招聘考试考生性别占比

二、25周岁以下考生最多，随着年龄增长，男性考生占比增加

2019—2023 年全国事业单位招聘考试中，18~25 周岁年龄段考生人数最多，占比为 41.47%；其次为 26~30 周岁年龄段，占比为 40.90%；31~35 周岁年龄段占比 15.38%；36~40 周岁年龄段，占比为 1.90%；41 周岁及以上考生较少，占比仅为 0.33%（见图 6-2）。

与考生的性别结合起来看，参加 2019—2023 年全国事业单位招聘考试的考生群体中，随着年龄的不断增长，女性考生占比越来越小，男女考生比例逐渐变得均衡。其中，18~25 周岁的考生性别差异最大，男女考生人数比约为 1∶2.5；36~40 周岁的男女考生人数比已达到 1∶1.7。而在 41 周岁及以上年龄段，男性考生人数已多于女性考生，男女比例大约为 1∶0.5（见图 6-3）。

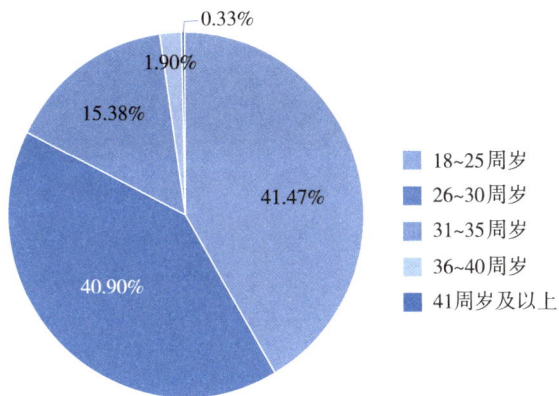

图 6-2　2019—2023 年全国事业单位招聘考试中不同年龄段考生占比

注：由于四舍五入原因，本书部分图表汇总百分比数值加总后不一定恰好为100%。特此说明，下同。

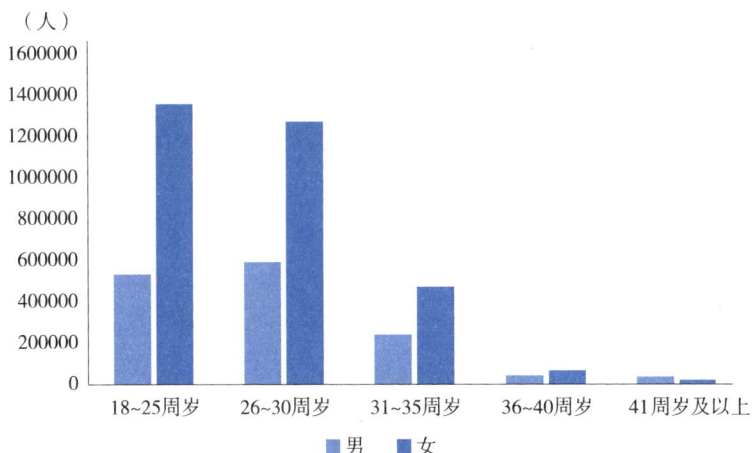

图 6-3　2019—2023 年全国事业单位招聘考试不同年龄段男女考生数量对比

三、30周岁是未婚考生与已婚考生的分水岭

2019—2023 年全国事业单位招聘考试中，未婚考生有 3276393 人，占比为 72.68%；已婚考生有 1231355 人，占比为 27.32%（见图 6-4）。

与考生的年龄信息结合起来看，2019—2023 年全国事业单位招聘考试的考生群体中，考生的年龄和婚姻状况有一定的共变趋势（见图 6-5）。通过相关数据可知，18~30 周岁年龄段有 93% 的考生未婚，在 30 周岁及以上的考生中，已婚考生在该年龄段占比较高，占比差距随着年龄段的上升而不断增大。

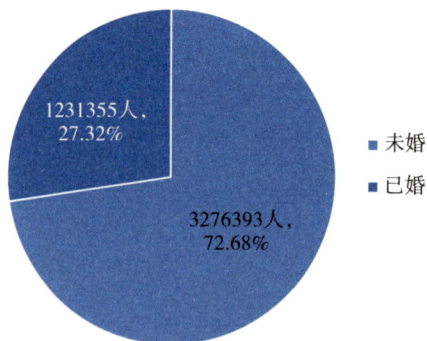

图 6-4　2019—2023 年全国事业单位招聘考试考生婚姻状况占比

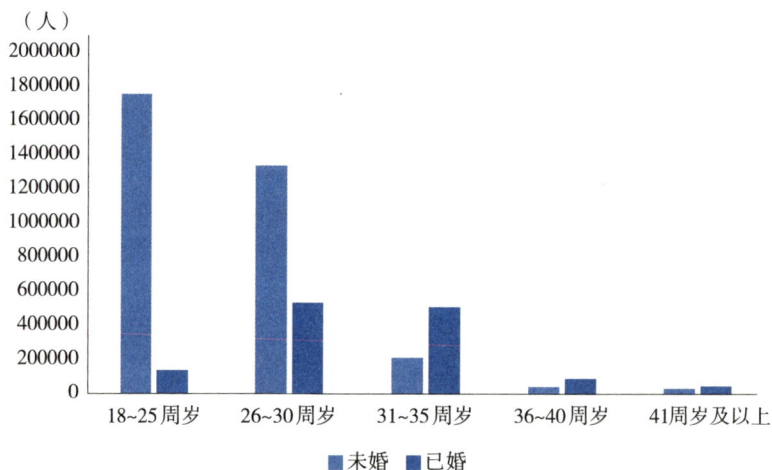

图 6-5　2019—2023 年全国事业单位招聘考试考生年龄与婚姻状况变化趋势

四、以本科学历考生为主，硕士研究生及以上学历考生进入面试有一定优势

2019—2023 年全国事业单位招聘考试报考考生中，以拥有本科学历的考生为主，其人数是 3295671 人，占比为 73.11%；拥有硕士研究生及以上学历的考生有 727786 人，占比为 16.15%；拥有大专学历的考生有 437494 人，占比为 9.71%；拥有大专以下学历考生人数为 46797 人，占比为 1.04%（见图 6-6）。

参加全国事业单位招聘考试的考生中，本科考生占比为 76.66%，硕士研究生及以上学历的考生占比为 10.66%。

1.04%

16.15%

9.71%

73.11%

- 大专以下（初中、高中、中专）
- 大专
- 本科
- 硕士研究生及以上

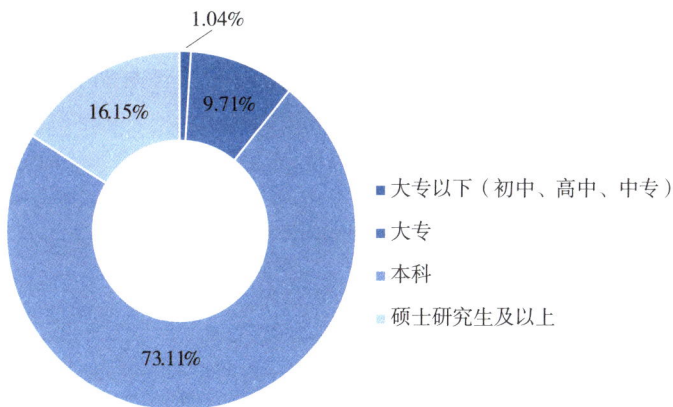

图 6-6　2019—2023 年全国事业单位招聘考试报考考生学历层次

进入面试环节的考生中，本科考生占比为 72.01%，较应考比例略有下降；硕士研究生及以上学历考生占比为 17.66%，较应考比例有所上升。

五、双一流院校考生超过一成，并且在进入面试后有一定优势

2019—2023 年全国事业单位招聘考试报考考生中，双一流院校的报考考生有 620876 人，占比为 13.77%；而非双一流院校的报考考生有 3886872 人，占比为 86.23%（见图 6-7）。

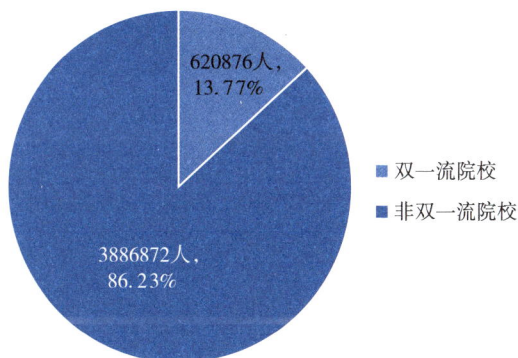

620876人，
13.77%

3886872人，
86.23%

- 双一流院校
- 非双一流院校

图 6-7　2019—2023 年全国事业单位招聘考试报考考生毕业的院校类别

参加全国事业单位招聘考试的考生中，双一流院校考生占比为 11.58%，非双一流院校考生占比为 88.42%。

进入面试的考生中，非双一流院校考生占比为83.73%，较应考比例有所下降；双一流院校考生占比为16.27%，较应考比例有所上升。

六、外省份户籍考生超过六成，考试成绩较好

2019—2023年全国事业单位招聘考试报考考生中，有2803925名考生属于外省份户籍，占比为62.20%；而本省份户籍的考生有1703920人，占比为37.80%（见图6-8）。

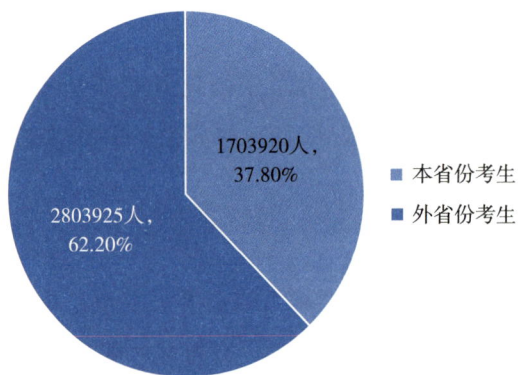

图 6-8　2019—2023 年全国事业单位招聘考试报考考生户籍情况

参加全国事业单位招聘考试的考生中，外省份户籍考生占比为61.77%，本省份户籍考生占比为38.23%。

在进入面试的考生中，外省份户籍考生占比为70.54%，较应考比例有所上升；本省份户籍考生占比为29.46%，较应考比例有所下降。

在事业单位招聘考试中，外省考生占据不小的比例，从数据来看，这些考生并未受到地域限制的影响，其笔试表现不输于本省份考生。考生在选择报考外省份单位时，往往目的性更明确，会作更充分的规划和准备，其表现出的优势可能与此有一定关系。同时，可以看出，当前全国人才流动的倾向较为明显，打破地域限制、广纳优秀人才正是事业单位招聘大势所趋。

七、考生多次报考的热情较高，非首次报考者更易进入面试

2019—2023 年全国事业单位招聘考试报考考生中，有 1751775 名考生是首次报考，占比为 38.86%；非首次报考的考生有 2756070 人，占比为 61.14%（见图 6-9）。

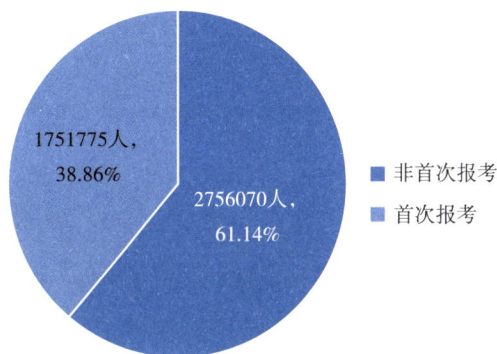

图 6-9　2019—2023 年全国事业单位招聘考试报考考生是否首次报考情况

参加全国事业单位招聘考试的考生中，非首次报考的考生占比为 59.64%，首次报考的考生占比为 40.36%。

在进入面试的考生中，非首次报考的考生占比为 65.60%，较应考比例明显上升；首次报考的考生占比为 34.40%，较应考比例明显下降。这可能是因为与首次报考的考生相比，非首次报考的考生对于考试的形式及内容等更为熟悉，具有一定的优势。

八、有工作经历者占大多数，面试阶段无工作经历者占比有所提升

2019—2023 年全国事业单位招聘考试报考考生中，有 1438686 名考生没有工作经历，占比为 31.92%；有工作经历的考生有 3069062 人，占比为 68.08%。可以看出，大部分考生曾经有过工作经历（见图 6-10）。

参加事业单位招聘考试的考生中，无工作经历的考生占比为 27.19%，有工作经历的考生占比为 72.81%。

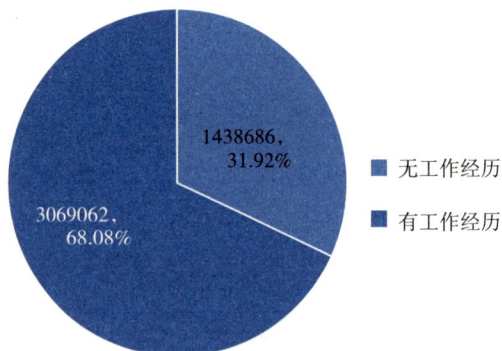

图 6-10　2019—2023 年全国事业单位招聘考试报考考生工作经历情况

　　在进入面试的考生中，无工作经历者占比为 29.69%，较应考比例有所上升；有工作经历者占比为 70.31%，较应考比例有所下降。

　　在事业单位招聘考试中，有工作经历者在报考、参考和面试阶段均占据较大比例，无工作经历者在面试阶段的占比有所提高。这可能是因为近年来国家对做好高校毕业生就业工作作出一系列决策部署，不少企事业单位的政策性岗位向应届毕业生倾斜，有可能导致无工作经历的高校应届生进入面试的机会变大。

第二节　知己知彼，选对岗位

在了解了竞争对手的整体画像后，你可以根据这些特征，制定更加精准的报考策略。以下是针对这些特征的具体建议，帮助你在众多考生中脱颖而出。

一、针对性别因素的报考建议

由于天生的生理差异，男性和女性在报考时，可结合报考条件要求，选择更适合本身优势的岗位，以提升考试通过概率。

二、针对年龄与婚姻状况的报考建议

年龄段在 25 周岁以下的考生人数最多，随着年龄的增长，男性考生比例有所增加。30 周岁及以上的已婚考生通常在稳定性和责任心方面具备一定优势，可以选择更具发展潜力和稳定性的岗位。而对于年轻、未婚的考生，特别是 18~30 周岁的群体，由于人数众多，竞争较为激烈，可以考虑选择对年轻人有更高需求的职位，或者在报考时结合自己的职业规划进行更有针对性的选择。

三、针对学历的报考建议

本科学历的考生占据了主要比例，而硕士及以上学历的考生在考试中往往成绩更好。如果你具备更高的学历，特别是硕士或博士学位，可以大胆选择要求更高的岗位，这类岗位往往竞争较少，但更注重考生的学术背景和研究能力。对于本科学历的考生，建议尽量选择与自己专业对口或具有一定经验积累的岗位，这样能更好地发挥自己的优势。

四、针对户籍的报考建议

外省份户籍考生的报考比例较高，且考试成绩也经常高于本省份户籍考生。对于外省份户籍考生，可以考虑选择待遇较好、竞争相对激烈的岗位；而本地考生则可以利用自己对地方政策、文化等方面的熟悉度，选择对本地经验要求较高的岗位，从而发挥本地优势。

五、针对有无报考经验的报考建议

多次报考的考生在面试中表现更为突出，非首次报考者更有可能进入面试。如果你是首次报考的考生，不妨选择一些报考人数较少、竞争程度相对较小的岗位，以提高进入面试的概率。同时，积累考试经验也非常重要，即使第一次报考没能"上岸"，也要总结经验，为下一次考试做好准备。

六、针对有无工作经历的报考建议

虽然大多数考生都有工作经历，但无工作经历者进入面试的概率更高。如果你已经拥有工作经历，可以选择与自己工作背景相关的岗位，以便在面试中展示自己的实战能力。而对于尚无工作经历的考生，可以选择那些更看重潜力和学习能力的岗位，并在面试中突出自己在学业或实习中的表现。

了解竞争对手的特征是制定报考策略的关键。通过"知己知彼"，你可以更有针对性地选择适合自己的岗位，从而在激烈的竞争中占据有利位置，成功迈向理想的职业目标。

第七章
分析成绩细节

我们对各省份 2019—2023 年的《职业能力倾向测验》及《公共基础知识》两科的试卷得分情况进行了抽样统计，从而分析考生在各能力维度下的平均得分率。为了对比方便，我们按照中国七大地理区划[①]进行分析。

能力维度指的是从相应考核要素试题的作答情况中体现考生某方面的认知能力或知识水平。《职业能力倾向测验》可提取 4 个认知能力维度，其中语言运用能力数据来自言语理解与表达考核要素的试题，数学思维能力数据来自数学运算及资料分析部分试题，逻辑推理能力数据来自判断推理部分试题，知识应用能力数据来自常识部分试题。

《公共基础知识》则将题目划分为政治素养、行政管理素养、法律素养、经济素养、科学与人文素养五个知识维度。

平均得分率是指考生在特定维度下全部题目的平均分之和与该维度题目满分的比值，如某场考试言语理解与表达模块试题共 25 题，满分 50 分，所有作答考生在这 25 题平均得 40 分，则该场考试所有考生在语言运用能力维度的平均得分率为 0.8。

[①] 中国七大地理区划包括：东北地区（黑龙江省、吉林省、辽宁省）、西北地区（陕西省、甘肃省、青海省、宁夏回族自治区、新疆维吾尔自治区）、西南地区（四川省、贵州省、云南省、重庆市、西藏自治区）、华北地区（北京市、天津市、山西省、河北省、内蒙古自治区）、华中地区（河南省、湖北省、湖南省）、华南地区（广东省、广西壮族自治区、海南省）、华东地区（上海市、江苏省、浙江省、安徽省、福建省、江西省、山东省）。

第一节 《职业能力倾向测验》分析

从全国考生整体情况来看，考生在语言运用能力维度上的表现相对较好，平均得分率最高，在逻辑推理能力维度上的表现次之，知识应用能力维度上的表现较弱，平均得分率最低（见图 7-1）。

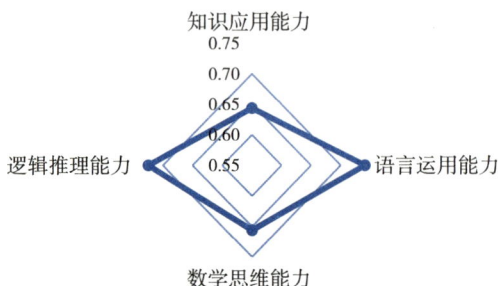

知识应用能力
0.75
0.70
0.65
0.60
逻辑推理能力　　0.55　　语言运用能力

数学思维能力

图 7-1　2019—2023 年全国考生整体职业能力结构模型

在全国范围内，头部考生（考试中总成绩排名前 5% 的考生，下同）的能力结构模型如图 7-2 所示，同样在语言运用能力维度表现最为突出，平均得分率最高，在逻辑推理能力维度上的表现次之，知识应用能力维度的平均得分率最低（见图 7-2）。

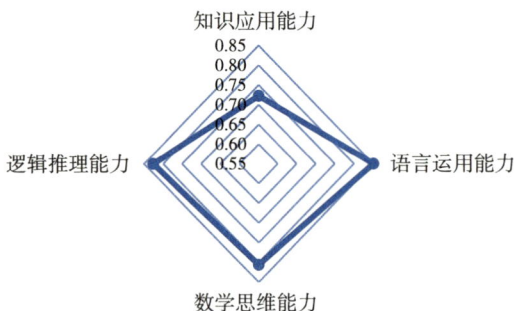

知识应用能力
0.85
0.80
0.75
0.70
0.65
0.60
逻辑推理能力　　0.55　　语言运用能力

数学思维能力

图 7-2　2019—2023 年全国头部考生职业能力结构模型

将所有考生能力结构与头部考生能力结构进行对比可以看出，头部考生在各个维度的平均得分率均高于整体考生水平，但头部考生与全国考生整体在数学思维能力维度上的差距最大，语言运用能力维度上的差距次之，知识应用能力维度上的差距最小。这启示考生在备考时，应强优势、补短板，有所侧重，根据自身水平合理选择应试策略（见图 7-3）。

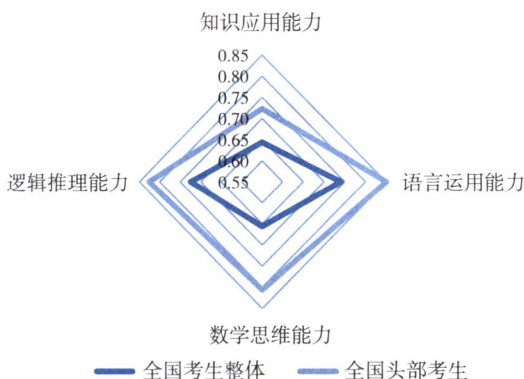

图 7-3　2019—2023 年全国考生整体与头部考生职业能力结构模型对比

✎　小贴士

在考试中，考生的能力表现各有不同，统计发现，数学思维能力、语言运用能力对成绩影响相对更大；知识应用能力方面也是"夺分"的关键点。想提升数学思维能力、语言运用能力和知识应用能力，从而在考试中脱颖而出？来看看这些简单易行的备考小贴士吧！

（1）提升数学思维能力的秘诀：动脑动手，思路清晰

①多做题：每天练几道题，具体题目数量可不硬性规定，安排好时间多练习即可。

②多讨论：遇到难题了？赶快和同学或网友讨论一下吧！分享解题思路，借鉴他人的方法，能让你的解题速度更上一层楼。

（2）提升语言运用能力的秘诀：多读多写，表达自如

①多读：每天抽点时间阅读官方新闻、名家名篇或科普文章，不仅能扩展常识知识面，还能提升"语感"。"语感"在选词填空类试题中作

用十分大。多读多看，心中自有锦绣文章！

②多写：定期仿写官方媒体发布的评论或者议论文，能有效锻炼你的语言组织能力，同时让你的逻辑思维更流畅。

（3）提升知识应用能力的秘诀：常思常想，融会贯通

尝试在生活中将不同学科的常识结合起来思考，比如看到一篇古文时，想想它蕴含了哪些物理知识，或在欣赏电影、音乐作品时了解其历史背景，这样的跨学科思维会让你的备考更有效率。

在各地区的人才能力结构模型方面，我们按华北地区、华南地区、华东地区、华中地区、东北地区、西北地区、西南地区等 7 个区域的顺序，对考生能力进行分析。

在华北地区，考生整体职业能力结构呈现出语言运用能力最强、数学思维能力最弱的特点（见图 7-4）。

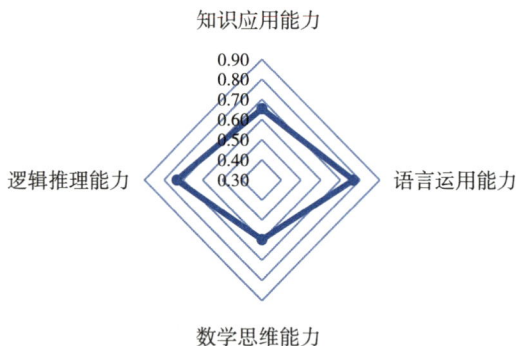

图 7-4　2019—2023 年华北地区考生整体职业能力结构模型

华北地区的头部考生各维度的平均得分率差异较小，能力更为均衡，语言运用能力维度上的平均得分率最高，知识应用能力维度上的平均得分率最低（见图 7-5）。

将华北地区所有考生与头部考生能力结构进行对比发现，华北地区头部考生在各个维度上的平均得分率均高于整体考生水平，但头部考生与考生整

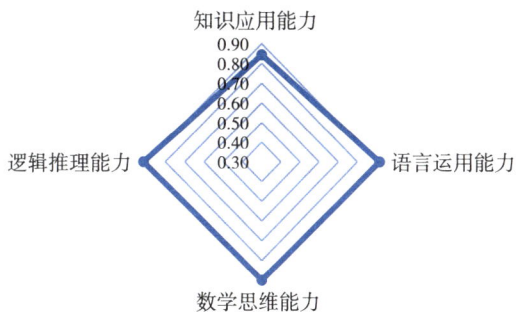

图 7-5 2019—2023 年华北地区头部考生职业能力结构模型

体在数学思维能力维度上的差距最大，知识应用能力维度上的差距次之，语言运用能力维度上的差距最小。华北地区头部考生与考生整体在各维度上平均得分率差距也明显高于全国的同维度差距，体现出较大的竞争强度（见图 7-6）。

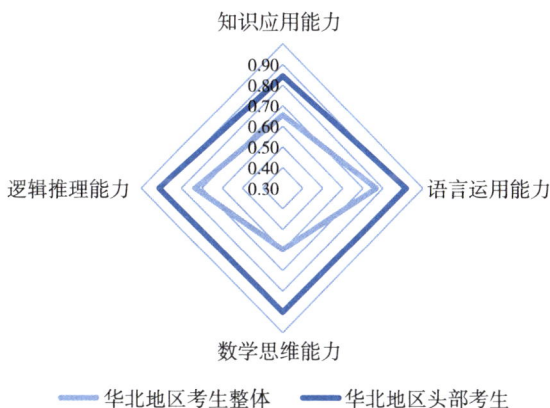

图 7-6 2019—2023 年华北地区考生整体与头部考生职业能力结构模型对比

在华南地区，考生整体在语言运用能力维度上的平均得分率最高，知识应用能力的平均得分率最低（见图 7-7）。

华南地区头部考生在逻辑推理能力维度上平均得分率最高，在数学思维能力维度上次之，在知识应用能力维度上平均得分率最低（见图 7-8）。

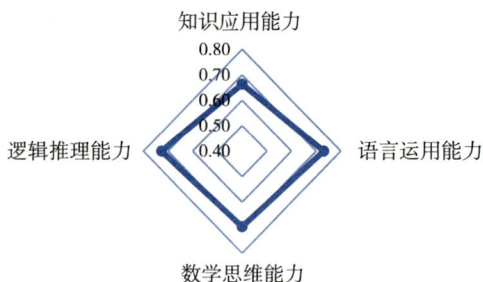

图 7-7　2019—2023 年华南地区考生整体职业能力结构模型

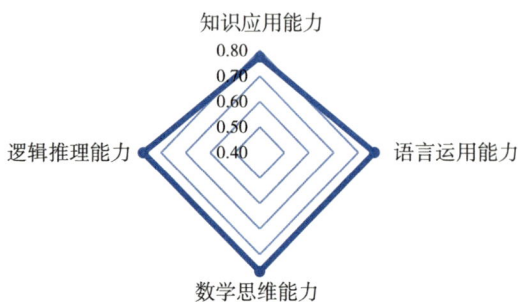

图 7-8　2019—2023 年华南地区头部考生职业能力结构模型

　　华南地区头部考生与华南地区考生整体在数学思维能力维度上拉开的差距最大，在逻辑推理能力维度上的差距次之，在知识应用能力维度上的差距最小（见图 7-9）。

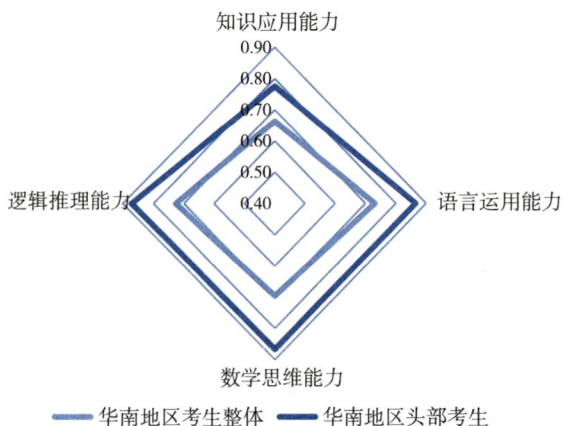

图 7-9　2019—2023 年华南地区考生整体与头部考生职业能力结构模型对比

在华东地区，考生整体在语言运用能力维度上的平均得分率最高，在数学思维能力维度上的平均得分率最低（见图 7-10）。

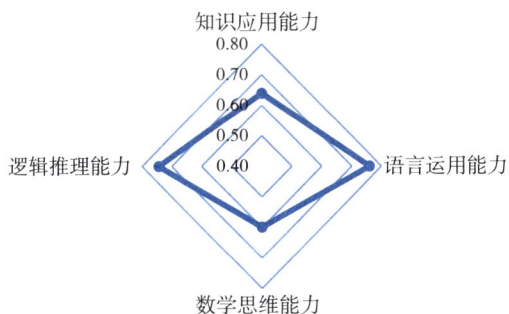

图 7-10 2019—2023 年华东地区考生整体职业能力结构模型

华东地区头部考生，同样在语言运用能力维度上表现最为突出，平均得分率最高，在知识应用能力维度上的平均得分率最低（见图 7-11）。

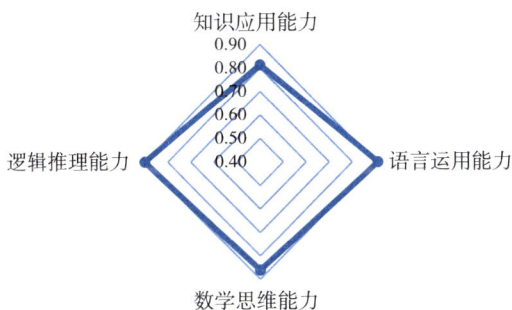

图 7-11 2019—2023 年华东地区头部考生职业能力结构模型

华东地区头部考生与华东地区考生整体相比，在数学思维能力维度上拉开的差距最大，在语言运用能力维度上拉开的差距最小（见图 7-12）。

在华中地区，考生整体在语言运用能力维度上的平均得分率最高，在知识应用能力维度上的平均得分率最低（见图 7-13）。

华中地区头部考生同样是在语言运用能力维度上的平均得分率最高，在知识应用能力维度上的平均得分率最低（见图 7-14）。

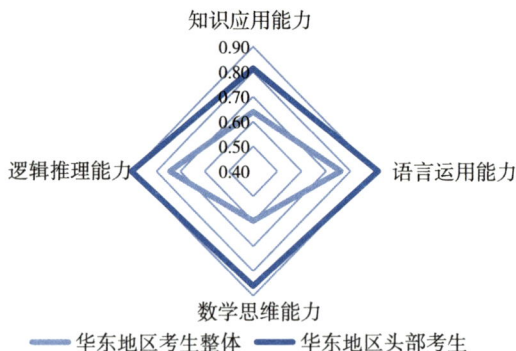

图 7-12　2019—2023 年华东地区考生整体与头部考生职业能力结构模型对比

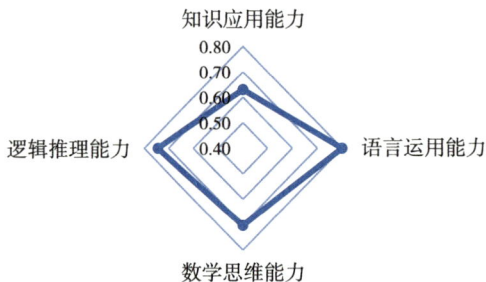

图 7-13　2019—2023 年华中地区考生整体职业能力结构模型

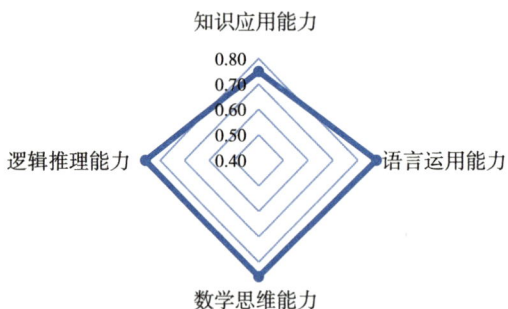

图 7-14　2019—2023 年华中地区头部考生职业能力结构模型

　　将华中地区考生整体与头部考生进行对比，头部考生在数学思维能力维度上与考生整体拉开的差距最大，在语言运用能力维度上拉开的差距最小（见图 7-15）。

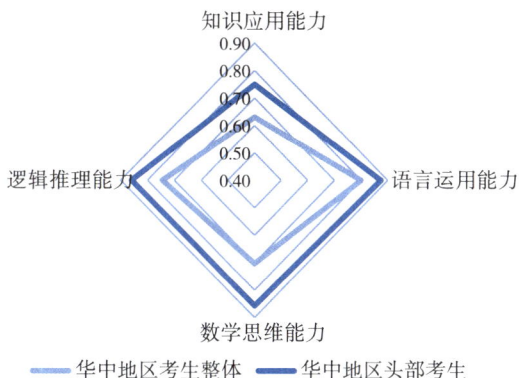

图 7-15　2019—2023 年华中地区考生整体与头部考生职业能力结构模型对比

在东北地区，考生整体在语言运用能力维度上表现最好，平均得分率最高，在知识应用能力维度上表现最弱，平均得分率最低（见图 7-16）。

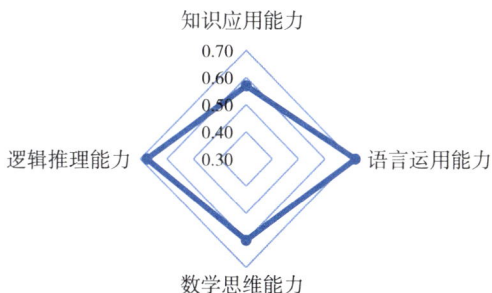

图 7-16　2019—2023 年东北地区考生整体职业能力结构模型

东北地区头部考生在语言运用能力维度上的平均得分率最高，在数学思维能力维度上的平均得分率最低（见图 7-17）。

将东北地区考生整体与头部考生进行对比，头部考生在知识应用能力维度上与考生整体拉开的差距最大，在数学思维能力维度上拉开的差距最小（见图 7-18）。

西北地区考生整体逻辑推理能力最为突出，平均得分率最高，在数学思维能力维度上表现最弱，平均得分率最低（见图 7-19）。

西北地区的头部考生在语言运用能力维度上的平均得分率最高，在知识

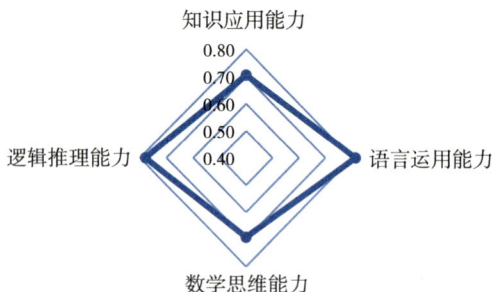

图 7-17　2019—2023 年东北地区头部考生职业能力结构模型

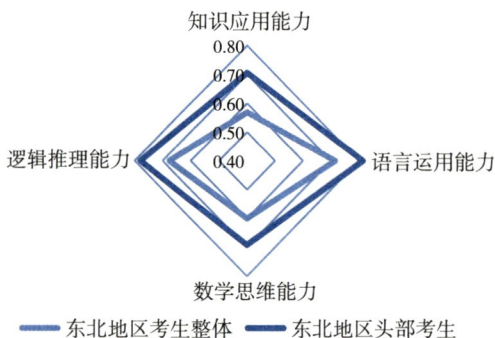

东北地区考生整体　　东北地区头部考生

图 7-18　2019—2023 年东北地区考生整体与头部考生职业能力结构模型对比

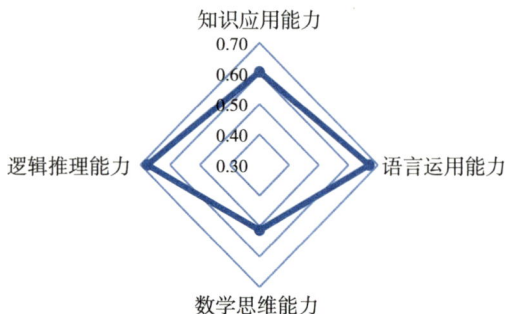

图 7-19　2019—2023 年西北地区考生整体职业能力结构模型

应用能力维度上的平均得分率最低（见图 7-20）。在数学思维能力维度上，头部考生与考生整体拉开的差距最大；而在逻辑推理能力维度上，表现则相反（见图 7-21）。

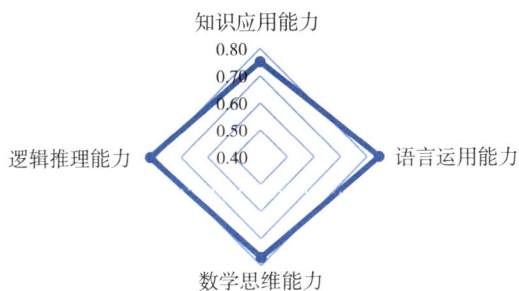

图 7-20 2019—2023 年西北地区头部考生职业能力结构模型

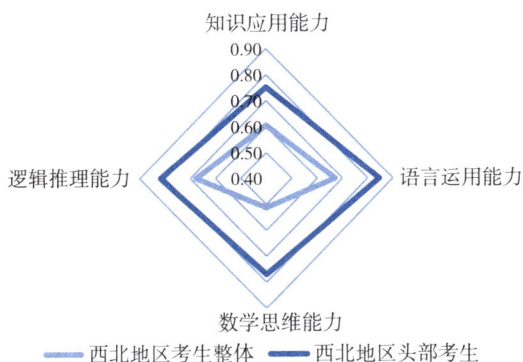

图 7-21 2019—2023 年西北地区考生整体与头部考生职业能力结构模型对比

在西南地区，考生整体在语言运用能力维度上的平均得分率最高，在知识应用能力维度上的平均得分率最低（见图 7–22）。

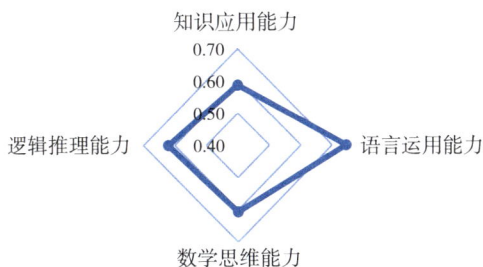

图 7-22 2019—2023 年西南地区考生整体职业能力结构模型

西南地区的头部考生同样在语言运用能力维度上的平均得分率最高，在知识应用能力维度上的平均得分率最低（见图 7–23）。

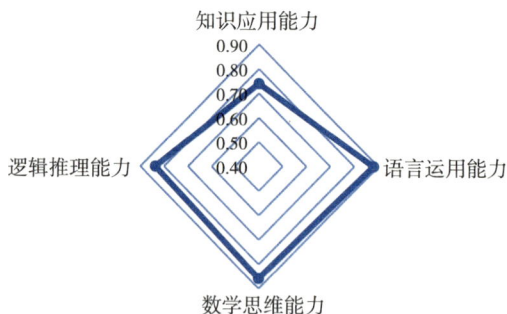

图 7-23　2019—2023 年西南地区头部考生职业能力结构模型

　　将西南地区考生整体与头部考生进行比较，头部考生在数学思维能力维度上与考生整体拉开的差距最大，在语言运用能力维度上拉开的差距最小（见图 7-24）。

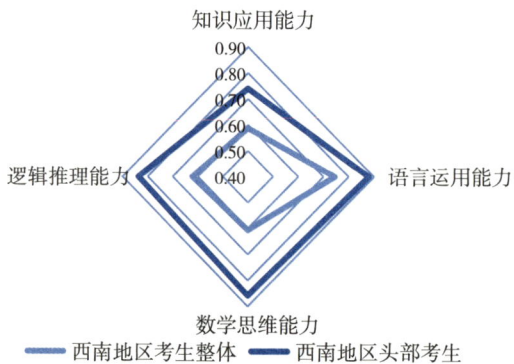

图 7-24　2019—2023 年西南地区考生整体与头部考生职业能力结构模型对比

　　从七个地区考生整体成绩来看，其中六个地区的考生都是在语言运用能力维度上的平均得分率最高，总体来说该维度较易得分。同时，有四个地区的考生在知识应用能力维度上的平均得分率最低，有三个地区的考生在数学思维能力维度上的平均得分率最低，可见这两个维度较易失分。

　　从七个地区头部考生成绩来看，同样有六个地区的考生在语言运用能力维度上的平均得分率最高。同时，有六个地区的头部考生在知识应用能力维度上的平均得分率最低。可以看出，对于头部考生来说，失分的重点在知识应用能力维度上。

从七个地区头部考生与考生整体的平均得分率差距来看，有六个地区的考生在数学思维能力维度上，头部考生与考生整体拉开的差距最大，有四个地区的考生在语言运用能力维度上，头部考生与考生整体拉开的差距最小。由此我们认为，数学思维能力是头部考生与其他考生拉开差距的关键。

小贴士：因地制宜，打造专属备考策略

不同地区的考生在能力维度上表现各异，有的地区考生语言运用能力突出，有的地区考生数学思维能力强，而有的地区考生以知识应用能力见长。了解这些差异，因地制宜地制定备考策略，才能事半功倍！

除此之外，不同地区的普通考生在与头部考生对比时，呈现的差异情况也不同。了解这些差异，制定有针对性的备考策略，是追赶和成为头部考生的关键。

第二节 《公共基础知识》分析

从全国考生整体情况来看，考生均具有较好的政治素养；在法律素养方面，亦表现出较高的能力，经济素养的得分率较低（见图7-25）。

在全国范围内，头部考生的能力模型如图7-26所示。与整体情况相同，头部考生不仅具有较高的政治素养，而且在法律素养维度上的表现最为突出，科学与人文素养方面也表现不错。在行政管理素养与经济素养维度上，头部考生的得分率最低。

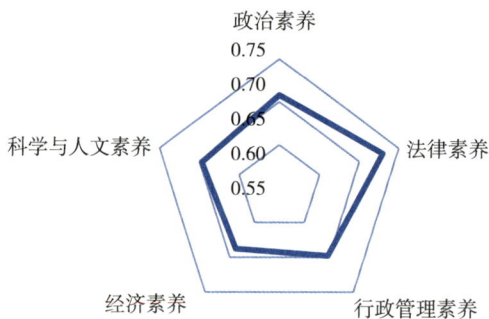

图 7-25　2019—2023 年全国考生整体《公共基础知识》能力结构模型

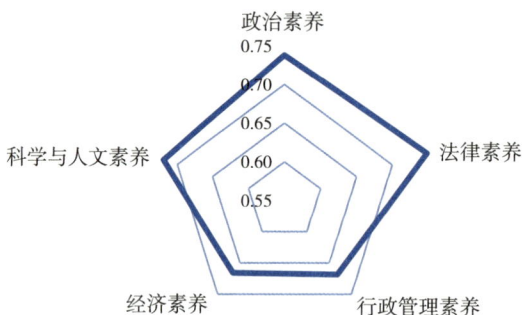

图 7-26　2019—2023 年全国头部考生《公共基础知识》能力结构模型

将全国头部考生与考生整体进行比较，头部考生在各维度上的平均得分率均高于考生整体，其中在政治素养维度上的差距最大，在行政管理素养维度上的差距最小（见图7-27）。

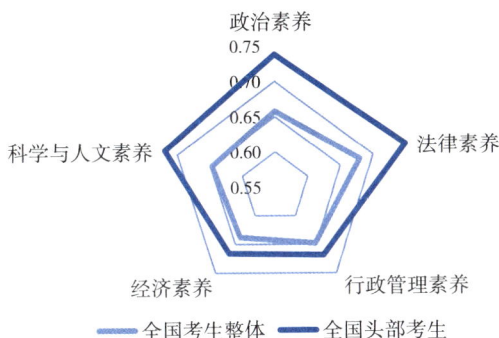

图 7-27 2019—2023 年全国考生整体与头部考生《公共基础知识》能力结构模型对比

一、七个地区考生《公共基础知识》表现

在华北地区，考生整体在法律素养维度上的表现最佳，平均得分率最高，在经济素养维度上的平均得分率最低（见图 7-28 ）。

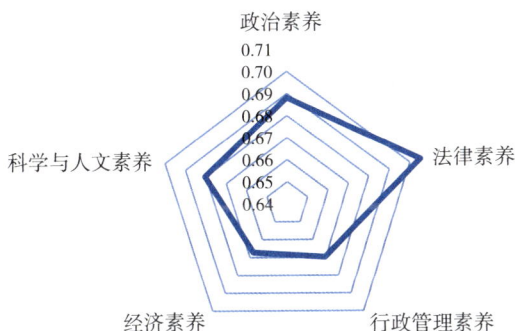

图 7-28 2019—2023 年华北地区考生整体《公共基础知识》能力结构模型

华北地区的头部考生在政治素养维度上的平均得分率最高，在行政管理素养维度上的平均得分率最低（见图 7-29 ）。

将华北地区头部考生与考生整体进行比较，头部考生在各维度的平均得分率均显著高于考生整体，其中，在政治素养维度上拉开的差距最大，在行政管理素养维度上拉开的差距最小（见图 7-30 ）。

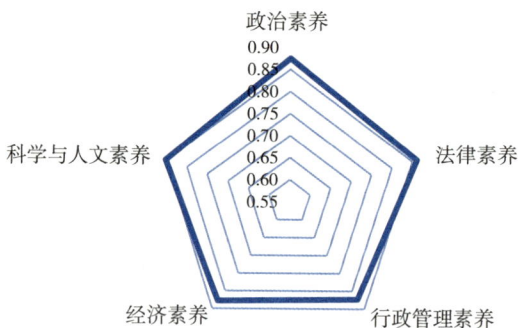

图 7-29　2019—2023 年华北地区头部考生《公共基础知识》能力结构模型

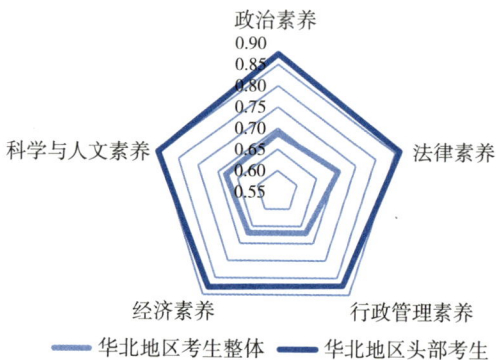

——华北地区考生整体　——华北地区头部考生

图 7-30　2019—2023 年华北地区考生整体与头部考生《公共基础知识》能力结构模型对比

　　在华南地区，考生整体在政治素养维度上表现最好，平均得分率最高，在经济素养维度上平均得分率最低（见图 7-31）。

　　华南地区的头部考生在法律素养维度上的表现最好，平均得分率最高，在经济素养维度上的平均得分率最低（见图 7-32）。

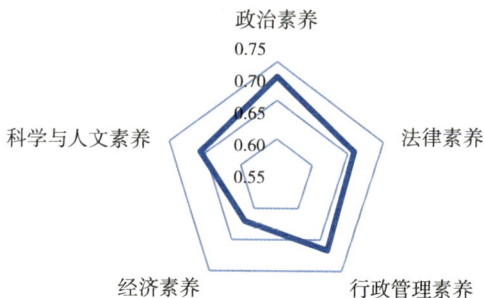

图 7-31　2019—2023 年华南地区考生整体《公共基础知识》能力结构模型

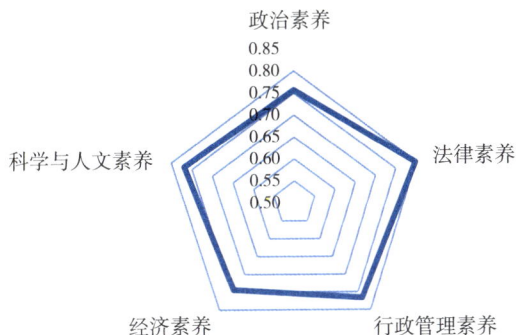

图 7-32 2019—2023 年华南地区头部考生《公共基础知识》能力结构模型

将华南地区头部考生与考生整体进行比较，头部考生在法律素养维度上与考生整体拉开的差距最大，在政治素养维度上拉开的差距最小（见图 7-33 ）。

在华东地区，考生整体在法律素养维度上的平均得分率最高，在政治素养维度上的平均得分率最低（见图 7-34 ）。

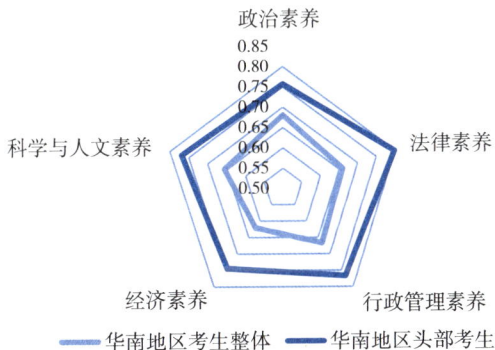

图 7-33 2019—2023 年华南地区考生整体与头部考生《公共基础知识》能力结构模型对比

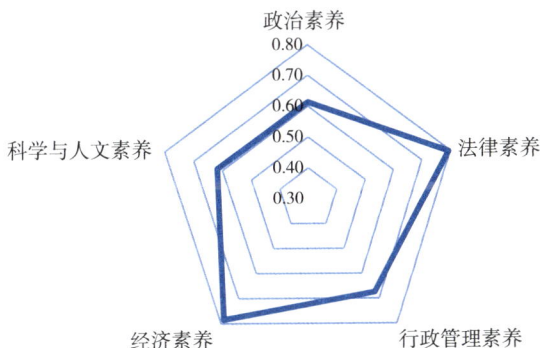

图 7-34 2019—2023 年华东地区考生整体《公共基础知识》能力结构模型

在华东地区的头部考生中，同样是法律素养维度上的平均得分率最高，政治素养维度上的平均得分率最低（见图7-35）。

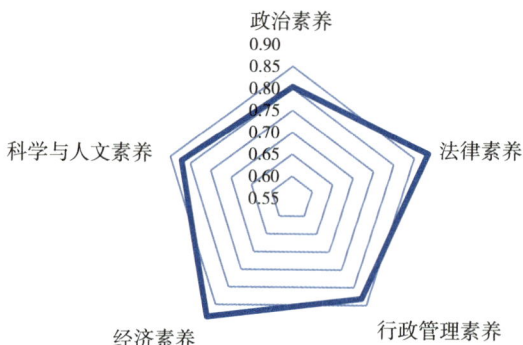

图 7-35　2019—2023 年华东地区头部考生《公共基础知识》能力结构模型

将华东地区的头部考生与考生整体进行比较，可以发现头部考生在科学与人文素养维度上与考生整体拉开的差距最大，而在法律素养维度上拉开的差距最小（见图7-36）。

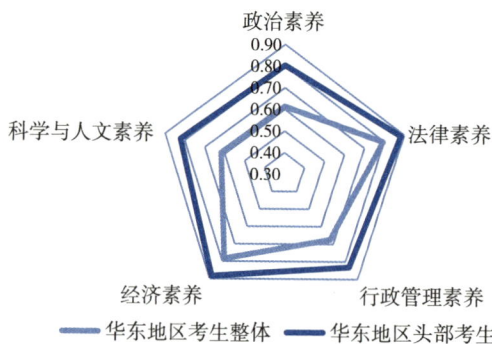

图 7-36　华东地区考生整体与头部考生《公共基础知识》能力结构模型对比

在华中地区，考生整体在科学与人文素养维度上的平均得分率最高，在经济素养维度上的平均得分率最低（见图7-37）。

华中地区的头部考生在政治素养维度上的平均得分率最高，在行政管理素养维度上的平均得分率最低（见图7-38）。

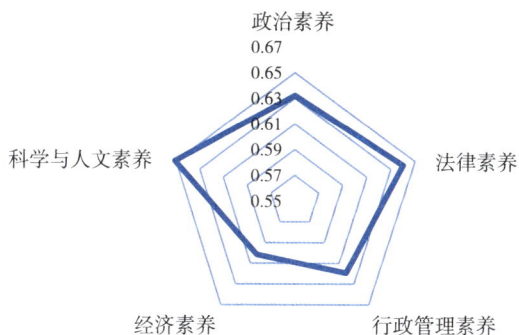

图 7-37　2019—2023 年华中地区考生整体《公共基础知识》能力结构模型

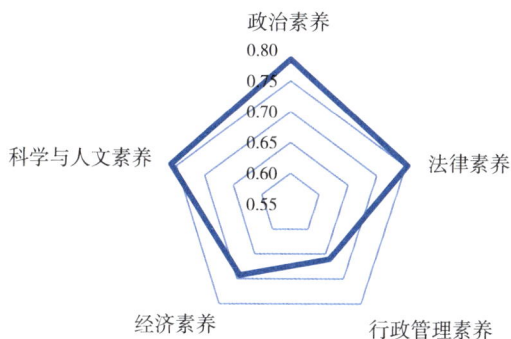

图 7-38　2019—2023 年华中地区头部考生《公共基础知识》能力结构模型

　　将华中地区头部考生与考生整体进行比较，头部考生在政治素养维度上与考生整体拉开的差距最大，在行政管理素养维度上与考生整体拉开的差距最小（见图 7-39）。

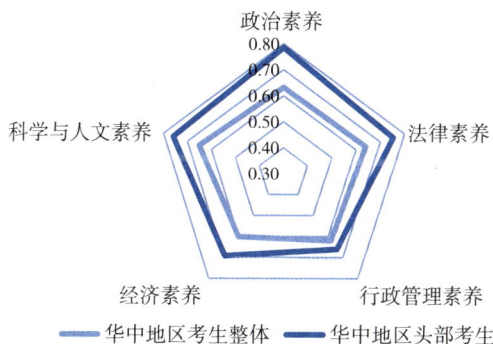

　　　　　华中地区考生整体　　　华中地区头部考生

图 7-39　2019—2023 年华中地区考生整体与头部考生《公共基础知识》能力结构模型对比

在东北地区，考生整体在法律素养维度上的平均得分率最高，在科学与人文素养维度上的平均得分率最低（见图7-40）。

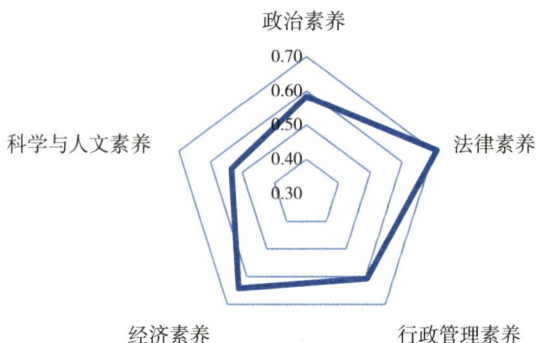

图 7-40　2019—2023 年东北地区考生整体《公共基础知识》能力结构模型

在东北地区的头部考生中，同样是在法律素养维度上的平均得分率最高，在科学与人文素养维度上的平均得分率最低（见图7-41）。

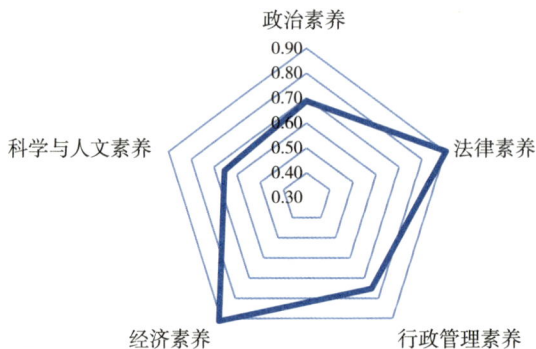

图 7-41　2019—2023 年东北地区头部考生《公共基础知识》能力结构模型

将东北地区头部考生与考生整体进行比较，在经济素养维度上头部考生与考生整体拉开的差距最大，在政治素养维度上拉开的差距最小（见图7-42）。

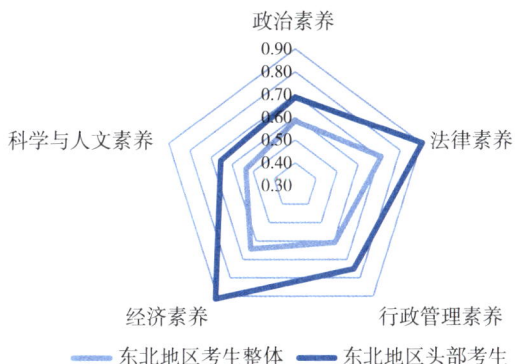

图 7-42　2019—2023 年东北地区考生整体与头部考生《公共基础知识》能力结构模型对比

在西北地区，考生整体在法律素养维度上的平均得分率最高，在政治素养维度上的平均得分率最低（见图 7-43）。

西北地区的头部考生在法律素养维度上的平均得分率最高，在政治素养维度上的平均得分率最低（见图 7-44）。

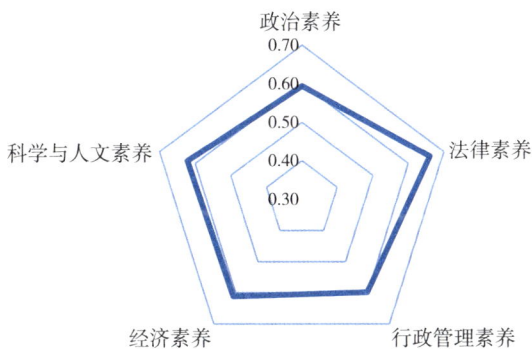

图 7-43　2019—2023 年西北地区考生整体《公共基础知识》能力结构模型

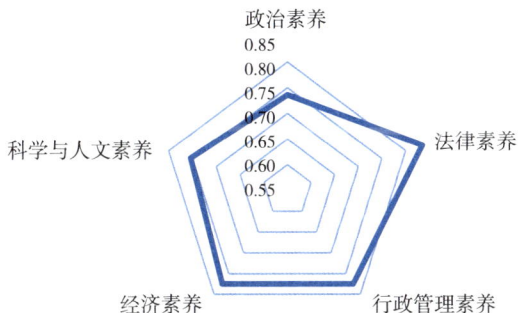

图 7-44　2019—2023 年西北地区头部考生《公共基础知识》能力结构模型

　　将西北地区的头部考生与考生整体进行比较，头部考生在行政管理素养维度上与考生整体拉开的差距最大，在科学与人文素养维度上拉开的差距最小（见图 7-45）。

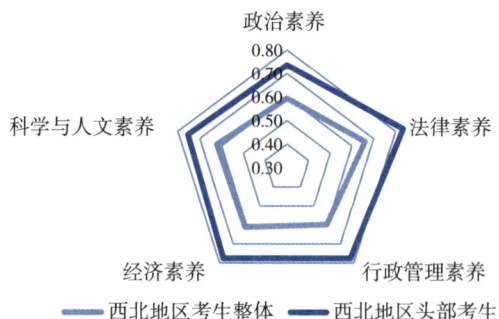

图 7-45　2019—2023 年西北地区考生整体与头部考生《公共基础知识》能力结构模型对比

　　在西南地区，考生整体在政治素养维度上的平均得分率最高，在经济素养维度上的平均得分率最低（见图 7-46）。

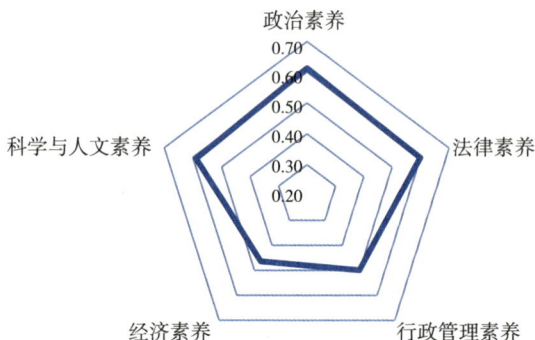

图 7-46　2019—2023 年西南地区考生整体《公共基础知识》能力结构模型

　　西南地区的头部考生在科学与人文素养维度上的平均得分率最高，在经济素养维度上的平均得分率最低（见图 7-47）。

　　将西南地区的头部考生与考生整体进行比较，头部考生在经济素养维度上与考生整体拉开的差距最大，在法律素养维度上拉开的差距最小（见图 7-48）。

　　从七个地区考生整体成绩来看，有四个地区的考生都在法律素养维度上

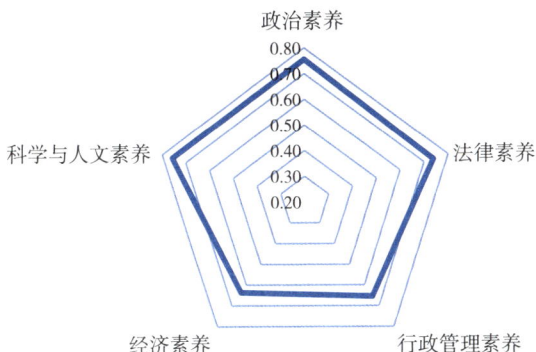

图 7-47　2019—2023 年西南地区头部考生《公共基础知识》能力结构模型

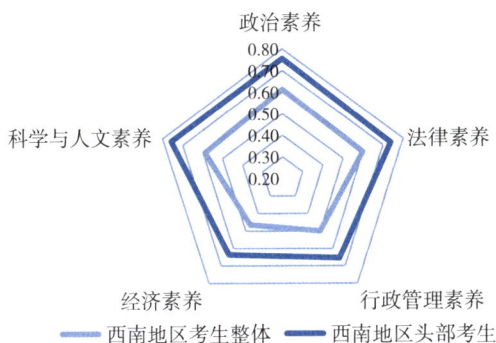

图 7-48　2019—2023 年西南地区考生整体与头部考生《公共基础知识》能力结构模型对比

平均得分率最高，总体来说该维度较易得分。同时，有四个地区的考生在经济素养维度上平均得分率最低，说明这一维度较易失分。

从七个地区头部考生成绩来看，有四个地区的考生在法律素养维度上的平均得分率最高，平均得分率最低的维度则分布较为均匀，各地区头部考生的优势表现在法律素养方面，而其劣势维度则不尽相同。

从七个地区头部考生与考生整体的平均得分率差距来看，政治素养、经济素养是较易拉开差距的维度，行政管理素养则是相对不易拉开差距的维度。

从上分析中，我们对考生的《公共基础知识》能力分布维度有了更多认识。学无止境，进取有道，我们也希望这能对考生的备考和复习有所帮助。事业单位招聘考试的情况在不断变化，受样本数量和分析所用时间的限制，上述分析可能不足以完全概括。未来，编写组将继续挖掘和完善相关考试数据分析，以期提供更加翔实的分析结果。

二、备考建议

基于以上分析，本书为考生提供了不同维度的备考建议。

1. 强化政治素养

政治素养是头部考生与整体考生差距最大的维度。因此，提升政治素养对缩小与头部考生的差距至关重要。

建议：①关注时事热点。保持对国内外政治事件的关注，通过阅读新闻、观看时事分析节目来增强对政治常识的记忆。②系统学习政治理论知识。深入学习习近平新时代中国特色社会主义思想，掌握马克思主义基本原理、社会主义核心价值观等重要内容。

2. 提升法律素养

整体考生在法律素养上的表现最好，进一步提升这一维度将有助于稳固成绩，尤其是对于那些有希望跻身前列的考生而言。

建议：关注司法新闻，通过积累实际案例，轻松掌握法律条文的实际应用。

3. 注重经济素养的提升

经济素养是考生整体表现最弱的维度，同时也是头部考生的薄弱环节。提高这一能力将显著提升整体成绩。

建议：加强对经济学基本理论和概念的理解，如供求关系、市场结构、宏观经济政策等。同时还可以通过参与"大富翁"等虚拟经济游戏，通过实践理解经济学原理。

4. 巩固科学与人文素养

头部考生在科学与人文素养上的表现优于整体考生，因此，巩固这两个领域的知识将有助于提升整体素质。

建议：通过阅读科学类、人文类书籍和文章，拓宽知识面，提升科学与人文素养。同时在学习过程中，将科学知识与人文思想相结合，形成综合性思维，全面提升素养。

第四篇　攻略篇

此刻，一步一个脚印走上岸

```
                    ┌─────────────────────────┐
                    │  阅读人事考试网上的招考公告  │
                    └────────────┬────────────┘
                                 ▼
                    ┌─────────────────────────┐
                    │    查询招考具体岗位要求    │
                    └────────────┬────────────┘
                                 ▼
                    ┌─────────────────────────┐                    ┌─────────────────────────┐
                    │  根据自身专业条件及职业    ├───────────────────┤                          │
                    │  规划，选择匹配岗位        │                   │                          │
                    └────────────┬────────────┘                    │                          │
                                 ▼                                 │                          │
                    ┌─────────────────────────┐        ┌──────────┴──────────┐
                    │  在人事考试网进行实名注册  │        │       已注册          │
                    └────────────┬────────────┘        └──────────┬──────────┘
                                 ▼                                 │
                    ┌─────────────────────────┐                   │
                    │      登录报名系统        │◄──────────────────┘
                    └────────────┬────────────┘
                                 ▼
                    ┌─────────────────────────┐
                    │      选择报考岗位        │
                    └────────────┬────────────┘
                                 ▼
                    ┌─────────────────────────┐
                    │  按要求填写资料并上传照片  │
                    └────────────┬────────────┘
                                 ▼
                    ┌─────────────────────────┐                    ┌─────────────────────────┐
                    │  确认所有信息填报无误并    │◄───────────────────┤   修改资料，补齐材料     │
                    │  提交报名信息            │                    └────────────┬────────────┘
                    └────────────┬────────────┘                                 ▲
                                 ▼                                              │
                    ┌─────────────────────────┐                    ┌───────────┴──────────┐
         ┌──────────┤      报考资格审核        ├────────────────────┤     审核未通过        │
         │          └────────────┬────────────┘                    └──────────────────────┘
┌────────┴─────────┐            │
│    审核通过       │            │
└────────┬─────────┘            │
         │                      ▼
         └────────►┌─────────────────────────┐
                   │      确认参加考试        ├──────────────────────┐
                   └────────────┬────────────┘                      │
                                ▼                                   ▼
                   ┌─────────────────────────┐        ┌─────────────────────────┐
                   │        缴费              │        │       无须缴费          │
                   └────────────┬────────────┘        └────────────┬────────────┘
                                ▼                                   │
                   ┌─────────────────────────┐◄───────────────────┘
                   │        完成报名          │
                   └────────────┬────────────┘
                                ▼
                   ┌─────────────────────────┐
                   │        打印报名表        │
                   └────────────┬────────────┘
                                ▼
                   ┌─────────────────────────┐
                   │        打印准考证        │
                   └─────────────────────────┘
```

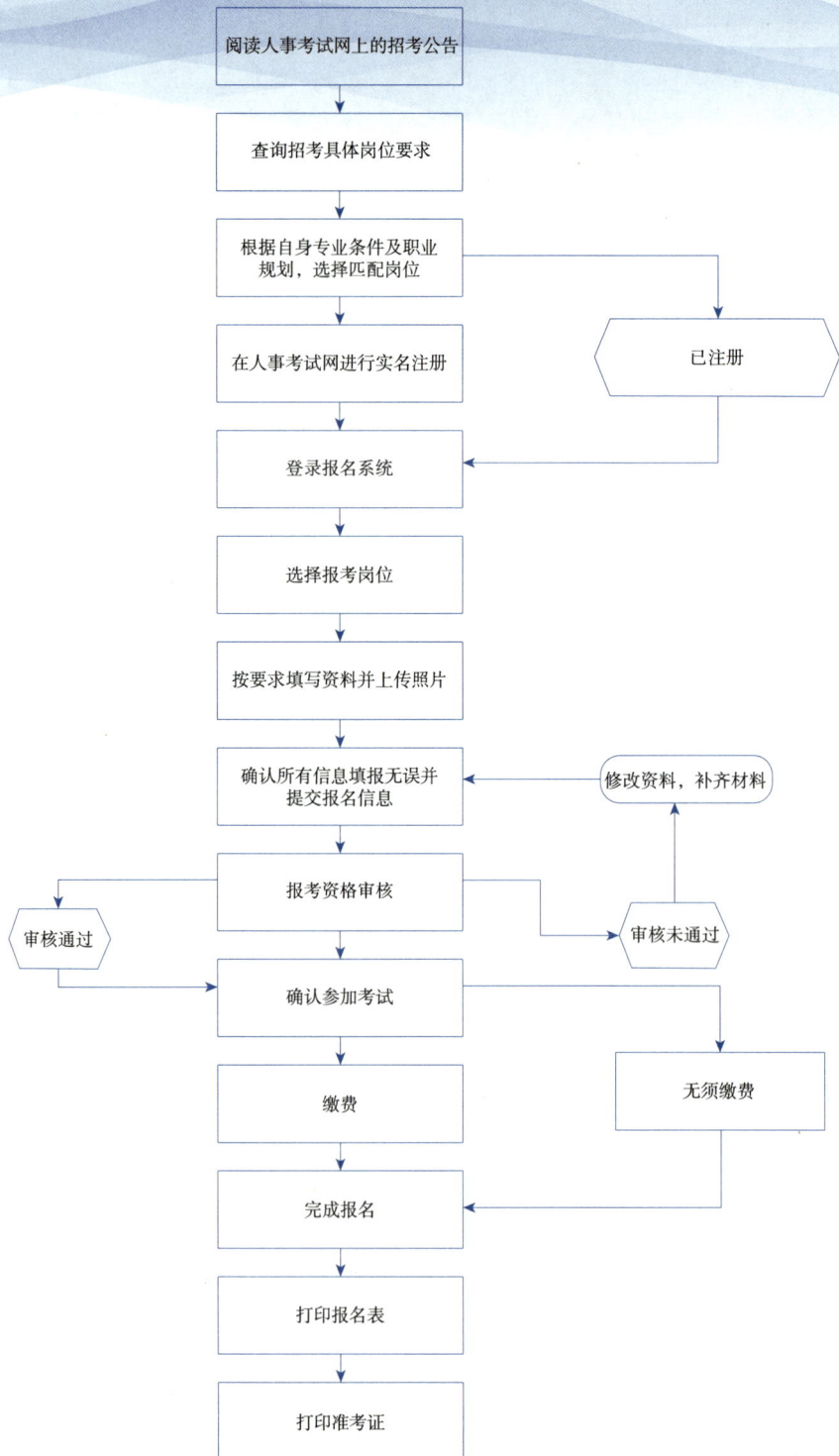

一图厘清报考过程

第八章
科学备考，有备而战

据国家公务员局发布的数据，2024 年 10 月 26 日，通过国家公务员考试用人单位资格审查的人数为 341.6 万人，相较 2023 年同期增加了约 38 万人，再破十年来新高。而招录人数则仅不到 4 万人，通过资格审查人数与录用计划数之比高达 86∶1，可谓竞争激烈。事业编制考试也同样深受求职大军的青睐，要想脱颖而出、顺利上岸，难度可想而知。面对诸多竞争对手，考生该如何应对呢？

网上有句话说得好，"最可怕的是比你优秀的人比你还要努力"。努力是上岸的第一条件，但努力也要找对方向。本章将告诉大家，如何科学备考——找准方向、深挖真题、有效刷题、塑造优势、淡定应试。相信机会肯定会留给有准备的你！

第一节　提前规划路径

一、"谋定而后动，知止而有得"

报考事业单位前，考生一定要先认真考虑自己适不适合从事相关岗位工作。前面的部分已经对事业单位相关制度和政策、行业划分和常见岗位、职级晋升与人才队伍建设等情况进行了详细介绍，考生可将国家政策、行业规划与个人发展结合起来考虑。确定报考事业单位后，要有明确的规划，充分考虑自己的专业、兴趣并准确判断报考难度，慎重选择报考单位和职位。对于报考职位，要有一定的认识，判断其是否符合自己的职业规划、自己是否能够胜任该岗位的工作等。只有目标明确、坚定信心，才能坚持到最后。

二、"工欲善其事，必先利其器"

选择权威的参考教材至关重要。"器"既包括真题，也包括练习题。通过真题直观地了解题型、题量等基本考情，再通过不断练习提升自己的做题能力，突破难点、重点。同时，"器"也不只是书本知识，还包括重要网站上的信息，如时政知识等，一定要注意平时积累，紧跟时事，了解大环境。

三、"通关打怪"，一步一个脚印

选择适合自己的学习方式，制订长期计划和短期计划，先将整体的目标分成几个阶段目标，再逐一分阶段完成各个小目标。

①勤练。多做真题和练习题，尽可能多地积累做题经验，熟悉考情。题目做得越多，自己也越有底气，要记住"万变不离其宗"，哪怕遇到看似陌生的题，但有丰富的经验支撑，在考场上也不会慌乱。

②梳理。在复习过程中应注意查漏补缺，发现自己在哪个模块上存在短板，善于做笔记，总结做题经验。

③强化。在备考中期，必须抓住重点，增强针对性，对自己的弱势模块

进行强化突破。

④巩固。以举一反三的预测心态看待题目，对一套完整的题目能有整体的把控。可以自行进行模拟考试，自测完成情况，重点控制好时间。

四、越到最后，越不能掉以轻心！

临考前不建议每天大量刷题，这个时候更需要调整好心态，劳逸结合。每天保证一定的复习时间，通过复习前期整理的笔记进行最后的总结。合理安排生活作息，保持充足的睡眠和清淡的饮食。

五、职业生涯规划：既是结束，也是开始——初心从未改变

在考编成功，正式成为事业单位工作人员之后，我们有必要对自己的未来发展进行一定的规划。清晰的职业规划不仅有利于个人价值的实现，也有利于更好地完成各项工作。我们可以从以下几个方面来思考。

（一）理论知识是否足够扎实

学习是一项持续性的任务，只有不懈学习，才能不断进步。理论知识来源于实践活动，是对实践活动的总结和升华，同时，它又反作用于实践活动，能指导实践活动有序进行。我们可以通过报纸、书籍、杂志、新闻、网络等多种方式和渠道及时了解国家方针政策，时刻关注时政要闻，不断提高自身的政治素养和理论水平。扎实的理论知识能更好地指导我们的实际工作，帮助我们在实际工作中做到心里有"底"。

（二）专业知识是否在实际工作中得到有效转化

"纸上得来终觉浅"。很多考生刚进入事业单位时，比较容易陷入迷茫，不知道如何将"所学"变成"所用"。这个时候，调整好心态尤为重要，我们要明白，把专业知识转化为实际的工作技能需要时间的沉淀和经验的累积。从哲学的角度看，就是实践与认识的关系。如何检验，最直接的标准就是看群众是否满意。只有为群众办了实事，让群众真心满意了，才叫"学有所用"。

（三）如何广泛涉猎，扩展知识面

作为一名合格的事业单位工作人员，不仅需要有坚定的政治立场，还应该具备丰富的社会知识与生活经验。我国是社会主义法治国家，学习法律知识不仅可以提高自己的法律意识，领悟到法律的深层内涵，还可以在工作中、生活中更加理性地处理问题，更好地为人民服务。拓展知识面的方法有很多，比如多阅读，不仅要读自己喜欢的内容，还应该注重内容的丰富性，可阅读的材料也有很多，如书籍、报刊、网页、公众号等；多实践，实践出真知，生活常识来源于人们的日常生活，涵盖健康、营养、饮食、生活窍门等各个方面；多查询，俗话说"不懂就问"，在生活和工作中，遇到自己不明白、不了解的问题，都应该有"求真"精神，可以去问身边的人，或者查阅书籍、报刊等。

（四）能否在团队中发光发热

任何工作都离不开团队协作。良好的人际交往能力是每个人都应该具备的。在团队合作中，我们可以展示、突显个人能力，同时，个人的出色表现也能够成就整个团队。从新人变为经验丰富的老职工，我们接触、合作的同事会慢慢变多，我们也在不断成长，我们会在团队中不断扎根。如何在与他人协作的过程中使自己发光发热，给团队增光添彩，便是值得我们深思的问题。随着自身的不断成长，我们在团队中承担的任务、扮演的角色都会有所变化，及时调整好自己的状态也是十分重要的。

职业规划的出发点和落脚点有很多，但归纳来看，只有一条——我是否真正地做到了脚踏实地，深入群众？我是不是一名合格的公职人员？当我们成为事业单位工作人员后，我们必须始终牢记自己的使命，无论如何规划职业生涯，我们的终极目标都是为了更好地服务人民，人民满意才是我们通过工作交出的最好答卷。

第二节　探索真题奥秘

事业单位考试综合考查内容包括言语理解与表达、数量关系、判断推理、资料分析以及综合基础知识，如马克思主义哲学原理，毛泽东思想概论、中国特色社会主义理论体系，当代中国的政府与政治，国家机关工作人员的职业道德，法律知识，语文基础知识和公文写作，经济、历史、科技、管理等基本常识。对这些知识点的测查，主要考查考生对应知应会的知识点的掌握程度，以及运用知识分析问题、解决实际问题的能力，以此评价考生的基本工作能力和素质水平。

下面，对事业单位考试综合基础知识科目真题考查方向及学习技巧进行揭秘。

一、马克思主义哲学原理

考查方向包括唯物辩证法、辩证唯物论、辩证唯物主义认识论、历史唯物主义。

学习技巧：从宏观上熟悉马克思主义哲学（以下简称马哲）基本理论框架，进行科学架构，形成对马哲理论体系的初步认知；熟练掌握马哲原理和方法论，注意全面性；在理解的基础上对理论进行解读和记忆，注意灵活性；多在实践中分析理论，将理论运用于实践。

二、毛泽东思想概论

主要包括毛泽东思想的形成与发展、社会主义改造理论、新民主主义革命理论。

学习技巧：了解毛泽东思想概论（以下简称毛概）的基本历史脉络，把不同的历史事件按时间发展顺序串联起来；理论联系实际，从实际出发去分析毛概的理论内容，将理论与社会实践活动结合起来。

三、中国特色社会主义理论体系

考查方向主要包括邓小平理论、"三个代表"重要思想、科学发展观、习近平新时代中国特色社会主义思想。

学习技巧：①掌握中国特色社会主义理论体系涵盖的内容，分解目标学习；对于识记型的知识点（如国家重要会议、决策、政策及理论）要善于区分，加强记忆；对于重大会议、重大文件、领导人讲话等要注意与实践活动相结合，加强对政策的理解，注意常考常新。

②需要提醒的是，这部分内容的学习不是一蹴而就的，需要靠考生日常的积累。要注重提升个人的政治素养，在思想上严格要求自己，除了通过新闻客户端、电视广播、纸媒等途径学习相关政治内容外，平时还可以集中时间进行专项学习，如打卡"学习强国"，学习《习近平总书记系列重要讲话读本》等。此外，考生日常还可以对最新时政热点、热门词汇及相关内容进行收集整理，比如对"2024年两会"相关知识进行系统归纳。在日常练习中，考生也可以从命题人的视角出发，找规律寻解法，侧重把握题目的主旨大意、中心思想，学会在题目中找答案，通过分析找到题眼。

四、当代中国政府与政治

考查方向主要包括中国的国体与政体、中央政府与地方政府、公民的权利与义务、公共服务、公共行政、公共政策。

学习技巧：在弄清楚理论的基础上，进行自主性探索学习，在学习的时候不可静止、片面、孤立地看问题，要有历史、国际、实践视野。

五、国家机关工作人员的职业道德

考查方向主要包括国家机关工作人员职业道德的基本内容、价值取向、行为规范、道德修养等。

学习技巧：①掌握与道德相关的最新理论、纲要等文件，熟悉要点，多看实例，从实例中归纳总结理论素养，能够举一反三。

②这部分题目难度较小，以案例和生活中的实践性活动内容为主，考生要多涉猎与道德相关的小案例，熟悉古语、俗语、典故、人物故事等，提高与道德相关的基础知识储备。

六、法律知识

考查方向主要包括法学基础理论、宪法、刑法、民法典、经济法、行政法、诉讼法等。

学习技巧：①按体系学习各种法律，掌握重难点；对每一个热门案情及其处置办法都要做到心中有数，日积月累，而不是花大量时间进行突击学习，要做到细水长流，磨刀不误砍柴工。

②法律试题在事业单位考试题目中相对专业，但难度不会太高，很多题目都有一定的解题技巧，答案甚至有迹可循。在练习法律试题时，要学会挖掘题干关键词，排除干扰词，领悟题目中心思想。

七、语文基础知识和公文写作

考查方向主要包括汉字、修辞、词汇、语法、文学常识，党政机关公文基本知识、常用事务文书写作、常用公文写作、公文处理。

学习技巧：①在日常学习中要注意积累，注重基础知识的记忆；训练阅读能力，掌握阅读技巧，拓展阅读面，广泛阅读大量文章，包括各大权威网站、报纸、期刊、App、公众号等最新发布的内容，可利用零碎时间进行碎片化阅读，对新闻形成初步印象，并在阅读过程中提炼出个人的意见和想法，多思考。

②掌握《党政机关公文处理工作条例》的基本要求；熟悉常用的各类公文的基本写作宗旨、要求；广泛阅读各类公文范文，适当练习文章撰写，在情景指导下模拟起草，注意格式、表达、遣词用语等。

八、各类常识

考查方向主要包括经济常识、管理常识、科技常识、历史常识、人文常识、生活常识等。

学习技巧：根据相关资料、书籍进行知识点的初步梳理，配合一定量的专项练习来巩固记忆，对于常考必考的知识点要做到烂熟于心；在具备一定知识储备的前提下，多做模拟题，多积累新知识点，梳理常识的重难点以及偏题、怪题；考试过后，及时回忆并总结遇到的常识，注意查漏补缺，充实常识库，提升应试能力。

第三节　巧获刷题锦囊

俗话说"喊破嗓子不如甩开膀子"，实干才是硬道理！事业单位考试要记要看的内容太多了，考生在备考时间有限的情况下不可能做到面面俱到，再加上考试内容涉及的知识面广、重难点多、时效性强，就算按照备考计划严格执行也很难出效果，这时我们需要思考以下几个问题。

一、什么时候开始刷题

对于临考前刷题和将刷题贯穿复习全过程，我们应该选择哪一种方法？如果选择前一种，那么很遗憾，可能会浪费宝贵的复习时间且不会迅速提高考试成绩。刷的一道道题目就像砌墙垒起的一块块砖，只有逐步积累，房子才能建好筑牢。因此，要把刷题贯穿到备考的全过程中，在复习时穿插刷题，通过练习去检验自己对理论知识的掌握程度，从而提高复习的效率。

二、该不该刷题

刚接触事业单位考试就刷真题的考生，可能存在一个误区——题练得越多效果就越好。事实并非如此。怎样才能在刷题中取得实效呢？这里建议大家先分模块学习，了解自己的水平，并通过"牛刀小试"明确自己的优势和不足，以此进行针对性的刷题。

在刷题前，大家可以向"上岸前辈"们学习刷题经验，求取备考真经，少走弯路，同时制订符合个人学习习惯的刷题计划。刷题时要将各模块习得的解题技巧运用其中，以达到事半功倍的效果。

制订刷题计划的重要性不言而喻，如果在刷题时毫无计划，今天刷一个小时，明天刷半个小时；今天刷常识，明天刷逻辑……毫无章法，最终浪费了宝贵的备考时间。因此，考生在刷题前应当制订好科学的刷题计划。

三、如何制订科学的刷题计划

（一）制订科学的刷题计划

制订科学的刷题计划应做到以下几个方面。

一是选对刷题资料。"刷对题"是制订科学刷题计划的第一步，要想刷对题，找准刷题资料是关键。什么样的资料才是好的资料？首先，推荐考生准备事业单位历年考试真题，这些题目均是在事业单位考试中真实出现的，紧跟考试趋势和大纲，对考生能力素质要求的把握更直观更准确，同时考生也能从真题中感受事业单位考试的命题难度和规律。其次，考生可按考试模块购买专项训练题，这类题目相较于一整套试题，更具有针对性，能使考生集中精力学习，避免"眉毛胡子一把抓"。最后，建议考生适当练习一些全真模拟题，这类资料是基于往年真题基础上开发出来的试题，具有一定的代表性和实用性，在考生掌握真题的基础上，能够起到拓展训练的作用。

二是"常刷"重难点。试题的每个模块都有一些常考的知识点、重难点，这些题目出现的概率大、频次高，要求考生必须掌握。因此在制订刷题计划时，这类知识点应当列为"常刷"范畴。

三是"补漏"易错点。刷题过程中，考生会发现自己知识储备中的短板，这些短板常以不同的考查形式出现，"频错"即知识点把握欠缺的信号，这时考生应抓住机会，总结易错题型，找到错误的原因，归纳类似错误，并积极改正，避免错误再次出现。

四是营造应试氛围，培养"临危不乱"的心态。考生如果把刷题当成没有约束的练习就大错特错了。为了避免在正式考试中惊慌失措，培养做题的"感觉"，考生在日常刷题中，就应该营造和考试相同的氛围，如在考试纪律、考试时长等方面作出严格规范，防止松懈。

五是不满足于"刷一次"。对于一些具有良好模拟效果的试题或者重难点突出、形式多变、易错的试题，应重复"刷"。因此在练习的时候，最好是用铅笔将答案写出来，便于多次答题。

（二）分模块刷题

接下来，我们主要讲解分模块刷题的一些诀窍。

常识模块刷题的诀窍可以归纳为一个字——"记"。常识模块不同于其他模块，其考查的知识点杂、覆盖面广，考查的是考生应知应会的基本知识和阅历。做常识题等同于积累知识、开阔视野的过程。在刷题过程中，考生面对不知晓或不了解的常识，都要勤于总结归纳，并及时记忆、巩固。常识模块，没有捷径可走，唯有常记，方可攻破。

言语理解与表达模块可分为逻辑填空、语句表达和阅读理解三部分。逻辑填空题，主要在于一个"辨"字，区分语境，辨别词语、成语，积累生词、偏难成语、关联词的用法等；对于语句表达题，要掌握一个"顺"字，无论是语句填充题中填入与上下文逻辑、语义通顺的句子，还是语句排序题中各句子打乱后的重组，都要求考生善于理顺句子之间、句群之间的关系，明白晓畅段落的整体意思；阅读理解题，主要在一个"知"字，无论是主旨概括、意图推断，还是细节理解、态度观点、推断下文，都要求考生对所给材料进行全盘把握，明晰整体意思，进行总结归纳和分析判断。考生在刷题时，应注意找到段落的主旨句、概括句，或者有明确转折、并列意义的关键词、关联词，或者厘清过渡句等，准确领会作者想要表达的意思。

数量关系模块对于大部分考生来说都是考试中的难点，但万变不离其宗，关键在于一个"精"字。考生在刷题时应掌握常见的考点，如时间问题、行程问题、工程问题、年龄问题、浓度问题、牛吃草问题等，避免"全面撒网"，而应充分体现"针对性"，这要求考生在刷题时归纳每个考点的考法、基本公式原理等，具备明确的解题思路，善于用公式解析问题，化繁为简。

判断推理模块主要包括类比推理、定义判断、图形推理、逻辑判断四个部分，其中类比推理、定义判断、常识与言语理解有相通之处，刷题的技巧在于对字、词、句、段的把握，同时注意积累、纠错和反思；图形推理题，侧重一个"广"字，重在刷题，在题目中"见识"的规律和考法多了，逐渐就会形成对题目的敏感性，有助于考生快速找准思路解题；对于逻辑推理题，要注意学会用"巧"思，针对常见的命题推理、智能推理试题，掌握其基本的推理技巧，把握公式，活学活用，所谓"换汤不换药"，就是要灵活地将这些公式运用到各种场景中；对于结论型、解释型、前提型、加强型、削弱型试题，其在一定程度上也与言语理解题有类似之处，主要考查考生对文字的把握能力，只是前者糅合了一些基本推理过程。

资料分析模块的刷题技巧在于一个"准"字，思路包括"五准"，即看准时间、找准指标、摸准问法、用准公式、算准答案。在"准"的基础上，资料分析模块还要求考生有快速审题、定位、列式、计算、核实的基本数字处理能力。在日常刷题过程中，考生还要掌握一些考查频率较高的公式，如求倍数、求比重、求增长率、求增长值等，在计算时也要掌握一些快速计算的技巧，如尾数法、有效数字法、代入法等。

（三）刷题后应做的工作

许多考生认为刷题就是题海战术，练得越多效果越好，实则不然。如果考生重量轻质，刷题发挥的作用相当有限。因此，考生应当做好刷题后的以下几项工作。

一是核对工作。答题完毕后，核对答案，打出本次刷题的分数，计算出正确率，并将分数记载下来，每次刷题核分后进行横向对比。

二是分析工作。得出正确率后，对错误的试题进行通盘分析，找到易错点、常错点、难点和知识盲区，并进行整理和归纳。

三是复盘工作。回忆每一道试题的作答过程，对于每道做对的试题，要在回忆中记起作答时的思路，记住答题的感觉；对于做错的试题，更要回忆做题时相应知识点存在哪些疏漏之处、存在的矛盾心理等，并重新思考，对照解析认真分析，将过去没有弄懂的要点记录下来，定期回顾，并写下对题目认识的不足之处，这样才能在下次解答类似问题时游刃有余。

第四节　塑造核心竞争力

在事业单位考试过程中，核心竞争力必不可少。毕竟，单位的招考公告、报名条件、资格审查已经有了很大程度的限定，能够达到这些要求的，也就是你的竞争对手们，实际上都具备不俗的能力，例如学历、专业，甚至是身体素质和基层工作经验。在这些人中脱颖而出，具备以下几种能力至关重要。

一、规划能力

事业单位考试是一个战线比较长的考试，虽然不需要像高考那样十年寒窗，但也需要有充足的时间去准备笔试和面试。尤其是在考生规模越来越大，试题难度越来越高的情况下，认真、合理安排备考时间就显得尤为必要。

作好规划，对备考总时间进行规划，安排好每一个板块预定的学习时间，同时也对每一天的任务作好规划，交叉安排各个板块内容的学习，避免因备考过程过于枯燥而心生退意。同时也要作好休闲娱乐的规划，为突发或紧急事件留有余地。计划赶不上变化，那就把可能发生的变化也安排在计划内。

二、调节能力

备考是一个压力逐步累积的过程，随着备考时间的增加，内心对于考试的期待和担忧在增加，生活中的压力也在增加。你可能会反复问自己："准备得这么费劲，万一考不上呢？""其他同学都就业了，我是不是也该抓紧时间？万一考不上，岂不是赔了夫人又折兵？""为什么这个题才看了，翻过页又不会了？我是不是根本不适合考试？"这些问题的出现是很难避免的，而且容易动摇自己的备考决心。所以这个时候，拥有强大的个人的心理调节能力就尤为关键。

同时，要作好备考的时间安排，张弛有度，适当放松心情，通过一些体育活动或者人际交往活动来释放备考压力，调节好心情。

三、形象展示能力

如果你作好了规划，调节好了心态，顺利通过了笔试，进入到面试环节，于千军万马中脱颖而出，就需要你充分展示出自己良好的形象，给评审人员留下深刻印象。

形象之所以重要，是因为在日后的工作中，不论是同事还是办事群众甚至是领导，都难免会根据你的形象来断定你的工作状态甚至是心情。如果你上班时双目失神、皮肤枯黄，可能就会有同事忍不住问你是不是身体不适，需不需要去医院看看；但如果你发型整洁、精神饱满，甚至连衣服都是精心搭配的，那必然会有人问你是不是有什么喜事发生。同理，面试的时候也是这样。你要是真的穿着印着奇怪图案的 T 恤和破洞牛仔裤去参加面试，评审人员难免会怀疑你对待面试的认真程度。所以，得体的着装、整洁的仪表就是最基本的面试要求。

但形象展示远不止于此，毕竟大家去参加面试着装得体是最起码的要求，更重要的是你的仪态和表达。仪态和表达很容易受心理状况的影响，但也不是没办法作好准备。反复对着镜子练习自己讲话的表情和肢体语言，努力尝试在说话之前打好腹稿，实际上就可以很大程度地提升个人形象展示能力。

四、逻辑能力

逻辑能力是工作中非常重要的一项能力，包括思维的逻辑、言语的逻辑。思维的逻辑可以帮助你更好地理解试题的内容和评审人员的追问，也能帮助你厘清楚问题的内在联系；言语的逻辑则能帮助你很好地展示自身的形象，同时获得别人的理解。如果在面试时，你的逻辑清晰，那给出的答案必然也是条理清晰、恰到好处的。

　　要提高表达的逻辑能力，就需要你多阅读、多总结、多思考、多练习。只有接收到的信息足够多，你才会下意识地去运用自己的逻辑思维去总结以及不断思考，搞清楚其中的具体关联，最终综合分析各路信息。最后还需要你将自己思考总结的逻辑运用到现实生活中，和周围的人展开讨论是一种练习逻辑能力的较好方式，当然也可以通过写一些简短的时事评论等逐渐提升自己的逻辑思维和言语思维能力。

　　以上内容就是在事业单位考试过程中应该具备的核心竞争力，以及提升自身核心竞争力的方式方法。每个人的方法都未必相同，所以，找到适合自己的方法，坚定信心，坚持练习，才能帮助你塑造个人良好的核心竞争力。

第五节　掌握应试小技巧

成功选择自己的职业，具备与之相匹配的能力是关键，而掌握一些应试小技巧，也能助你事半功倍。

一、备考战线不要拉太长

虽然我们都知道事业单位考试确实需要有一定的时间去准备，但时间不宜太长。太长的准备时间一是表明你或许根本没有做好合理的规划，其中夹杂着很多杂七杂八干扰备考的事情；二是会增加你的心理负担，最终由于持久战打到最后精力耗尽，难以维系。

备考事业单位考试最恰当的时长是3~4个月，备考期间应集中注意力，不被其他事情干扰，保证充足的学习和练习时间。

二、考前保持良好的身心状况

考前的身心状况会影响到考场上的状态，因此在考试前一天，调整好身心状况、好好休息比临时抱佛脚反复刷题背诵更有益。

很多考生在考前会由于紧张而休息不好，好的心理状态源于内心的自信，自信的基础是自己知识储备的扎实积累，所以在即将上考场的时候，就要相信自己的努力和付出，平心静气。

三、合理安排作答时间，不要漏答

事业单位考试的试题难度在不断提升，题量也并不少，因此考试过程中最重要的是安排好答题的时间。有一些试题本身难度较大，或者暂时不能确定选项，可以先选择一个自己认为比较正确的答案进行涂卡，同时在试卷上将这道题圈起来，如果后续有时间，再进行思考和修改。千万不要因为试题比较难，跳过试题作答，导致漏答或答题卡填涂错位；更不要在这道题上反复思考，浪费时间，最终导致试卷没有答完。

四、考场中的记忆提取

复习千万遍，总有几个知识点可能会"断电"。在考场上有想不起来的知识点很常见，遇到这种情况一是要继续作答，不要纠结；二是可以通过后续试题的阅读和理解调动自己的记忆，或许有助于回想起相应的知识点。

当然最关键的还是要在备考的过程中稳扎稳打，找到合适的记忆方法，尽量避免在考试中出现上述情况。

五、部分试题答题小技巧

客观题答题需注意总结规律。大部分的试题，尤其是数学运算类，基本有自身的规律，例如容斥问题、浓度问题等，即使试题的背景有变化，具体的数字不相同，公式也是不变的。所以多练习、多总结，此类问题自然就能迎刃而解。

主观题答题注意分点作答，看分作答。分点作答可以很好地帮助你厘清自己的思路和试题考查的逻辑，也更方便阅卷人员找到回答要点，更容易得分。看分作答则是要根据试题的分值去分点，如果是 8 分，就可以考虑将答题内容分为 4 点，如果是 6 分，可以将答题内容分为 3 点或者 2 点，当然如果思路清晰、时间充足，尽量答完整、答全面。

或许还有很多其他的小技巧，但这些小技巧终究不是核心能力，最重要的还是在备考阶段认真踏实地复习。在考试这件事情上，努力确实有回报。最后，祝愿诸君成功上岸！

第九章
考生常问，专家来答

　　考试政策日新月异，考试流程纷繁复杂，学习资料浩如烟海……在事业单位的备考之路上，考生该如何应对这一重重困惑与挑战？政策的频繁调整，要求考生不仅要掌握扎实的专业知识，还需紧跟时代步伐，及时了解并适应最新的考试要求与导向。复杂的考试流程，考验着考生从报名、资格审核到笔试、面试每一个环节的细心与耐心，稍有不慎便可能错失良机。海量的备考资料往往让考生感到无从下手，难以分辨重点、难点。这些问题不了解清楚，备考时不仅会增加时间成本，也可能导致学习效率低下，甚至影响最终考试成绩。

　　本章针对考生在备考过程中最常遇到的疑问与难题，进行了系统梳理与详细解答，为考生提供全面、实用的备考指南。我们相信，通过本章的学习，凭借着不懈的努力与正确的备考方法，每一位考生都能够在激烈的竞争中展现出自己的才华与实力，成功跨越这道门槛，迈向职业生涯的新篇章，实现自己的职业梦想与人生价值！

第一节　事业单位考试的常识

1. 事业单位编制内的工作属于"铁饭碗"吗？

答：根据《事业单位人事管理条例》，事业单位通过向社会公开招聘工作人员的，需要与工作人员订立聘用合同，办理聘用手续。其中条例第十二条规定，事业单位与工作人员订立的聘用合同，期限一般不低于3年；第十五条规定，事业单位工作人员连续旷工超过15个工作日，或者1年内累计旷工超过30个工作日的，事业单位可以解除聘用合同；第十六条规定，事业单位工作人员年度考核不合格且不同意调整工作岗位，或者连续两年年度考核不合格的，事业单位提前30日书面通知，可以解除聘用合同；第十八条规定，事业单位工作人员受到开除处分的，解除聘用合同。

由此可见，如果事业单位工作人员违反了相关规定，依然有可能被开除。因此，事业单位编制内工作也并非"铁饭碗"。

2. 想要进入事业单位工作必须参加考试吗？

答：原则上事业单位是逢进必考。《事业单位公开招聘人员暂行规定》（人事部令第6号）第二条规定，事业单位新进人员除国家政策性安置、按干部人事管理权限由上级任命及涉密岗位等确需使用其他方法选拔任用人员外，都要实行公开招聘；第五条规定，公开招聘由用人单位根据招聘岗位的任职条件及要求，采取考试、考核的方法进行；第二十条规定，急需引进的高层次、短缺专业人才，具有高级专业技术职务或博士学位的人员，可以采取直接考核的方式招聘。

3. 怎样看待事业单位考试中的"热门岗位"和"冷门岗位"？

答：从专业要求的角度看，事业单位考试中的"热门岗位"多集中于中文、经济、法律、计算机等专业；而"冷门岗位"则对应飞行技术类、海上类、冶金工程、应用语言学等专业。

从报考人数看，对专业、学历、职称、户籍等要求越严格的岗位，报考人数越少；而那些不限专业、不限学历、不限户籍的"三不限"岗位往往会吸引数百甚至上千人报名，其竞争压力不言而喻。

从地区看，一线城市、发达省会城市及发达地级市的岗位热门程度高于基层、偏远、不发达地区。

因此，报考事业单位和报高考志愿一样重要，不但要学会分析不同的岗位需求和热门程度，也要根据自身情况选择最合适自己的岗位！

4.如何选择合适的报考岗位？

答：首先要分析自身情况，根据自己的专业、学历优势筛选可报考岗位；其次，结合报考地区、人数、岗位热门程度等，选择最适合自己的岗位。

5.如果没有"上岸"，之前的努力学习会白费吗？

答：当然不会！国家电网、石油、烟草、水务、燃气、军队文职等很多单位的招聘考试内容都与事业单位考试有异曲同工之处。即使没有上岸，为备考事业单位考试所作的努力对于备考其他单位的招聘考试同样极具借鉴意义！

第二节　报名的常见问题

1. 报名过程中要把握好哪些关键的时间节点？

答：关键的时间节点有公告发布时间、报名时间、缴费时间（部分地区无须缴费）、打印准考证时间、笔面试考试时间、成绩公布时间、进入面试和体检名单公布时间等。

需要注意的是，在不同的地方和不同的单位招聘中，这些时间点会有所不同。比如，《广东省事业单位公开招聘人员办法》（广东省人民政府令第301号）规定招聘公告的发布时间距离报名开始的时间不得少于3个工作日。但《上海市事业单位公开招聘人员办法》（沪人社规〔2019〕15号）则没有规定公告发布的时间。

一般而言，考试相关信息都会在相关网站公布，所以考生需要密切关注官网的通知。

2. 常见的事业单位公招网站有哪些？

答：各地人民政府官网、人力资源和社会保障网以及人事考试网，全国事业单位招聘网，高校人才网，应届生求职网……

3. 可以同时报考多个岗位吗？

答：不同地区、不同事业单位招考有不同的要求。通常，在某地区事业单位统一招考中，报考人员只能选择一个单位中的一个岗位进行报名，且报名与考试时使用的身份证必须一致。即使同时报考多个岗位并成功缴纳报名费，也只能选择其中一个岗位参加笔试，且笔试成绩只对当次参加考试的岗位有效。

4. 什么情况下，不得报考事业单位考试？

答：常见的不允许报考事业单位的情况如下。

（1）尚未解除党纪、政纪处分或正在接受纪律审查的；

（2）刑事处罚期限未满或涉嫌违法犯罪正在接受调查的；

（3）曾被开除公职的；

（4）在公务员招录、事业单位公开招聘中违纪违规且处理期限未满的；

（5）公务员或事业单位工作人员处于试用期内或未满最低服务年限的；

（6）失信被执行人；

（7）法律法规规定的其他不得报考的情形。

小贴士：招聘公告、补充公告等发布的平台规定

中共中央组织部、人力资源社会保障部印发《关于进一步做好事业单位公开招聘工作的通知》（人社部发〔2024〕57号），明确要求招聘公告、补充公告等信息按程序备案后须在事业单位人事综合管理部门招聘平台公开发布，可同时在事业单位或者主管部门网站显著位置发布，不得仅通过内部网站、社交媒体或者张贴布告等方式在特定人员范围内发布。

5.应聘人员必须具备哪些条件？

答：根据《事业单位公开招聘人员暂行规定》第九条规定，应聘人员必须具备下列条件。

（一）具有中华人民共和国国籍；

（二）遵守宪法和法律；

（三）具有良好的品行；

（四）岗位所需的专业或技能条件；

（五）适应岗位要求的身体条件；

（六）岗位所需要的其他条件。

需要注意的是，一些岗位还会有一些特殊的规定，考生在报考之前应仔细阅读公告中列出的条件要求。常见的特殊条件如下（具体以各地发布的官方公告为准）。

一是退役大学生士兵：①应征入伍前已取得普通高等教育全日制专科及以上学历（学位），以大学生身份参军入伍的退役士兵。②应征入伍前为普通高等教育全日制在校生，以大学生身份参军入伍，且在服役期间或退役后在应征入伍高校取得专科及以上学历（学位）的退役士兵。③退役大学生士兵须于固定时间内取得国家承认学历的毕业证、学位证等证书。

二是基层项目人员：①具有在县（市、区）及以下党政机关（含参照公务员法管理单位）、事业单位工作的经历；②各级国有企业、村（社区）组织、其他经济组织和社会组织工作的经历。

离校未就业高校毕业生到高校毕业生实习见习基地（该基地为基层单位）参加见习或者到企事业单位参与项目研究的经历，可视为基层工作经历。在军队团和相当于团以下单位工作的经历，退役士兵在军队服现役的经历，可视为基层工作经历。高校毕业生在校读书期间的社会实践经历，不能视为基层工作经历。

注意：通常，满足这些特殊要求的报考人员会被要求在面试校验时申报有关证明材料，而且报考人员应对提交的证明材料真实性负责，凡被举报查实证明材料弄虚作假的，可能会被取消应聘资格或予以辞聘、清退。

6. 不符合报名要求，但是也报名成功了，会影响录取吗？

答：会影响。事业单位考试的资格审查工作是贯穿公开招聘的全过程的，任何阶段发现不符合应聘资格条件、弄虚作假或故意隐瞒真实情况者，招考主管部门都有权随时取消考生考试或聘用资格。因此，考生的有效毕业证、学位证及其所载学历和专业名称，应与招聘单位岗位资格条件要求完全相符，提供的信息和材料应真实、准确、完整。广大考生不应该抱有侥幸心理！

7. 报考费怎么交？交多少？不去考试可以退费吗？

答：并不是所有地方的事业单位公开招聘都会收取报名费，即使收费每个地区的情况也不同。通常收费地区会按考试科目收取费用，比如按照笔试每科 50 元收取报名费，且缴费成功后将不能再更改报名信息。

除此之外，部分收费地区针对特殊报考者还提出了减免报考费用的帮扶政策，常见的有：应届毕业生；享受城乡最低生活保障的考生；农村绝对贫困家庭中父母一方为烈士或一级伤残军人的考生……

需要注意的是，收费地区除非岗位取消，否则即使未参加考试也不会办理退费手续。逾期未缴费者，视为自动放弃。

8.网络上有很多以官方名义出版的考试辅导用书，可以相信吗？

答：各地人社部门会定期发布本地事业单位考试大纲，但不会指定考试辅导用书，同时，也不会举办、委托任何机构举办考试辅导培训班。

对于社会上出现的以考试命题组、专门培训机构等名义举办的辅导班、辅导网站或发行的出版物、上网卡等，考生要提高警惕，切勿上当受骗！

第三节 笔试的常见问题

1.事业单位笔试有政策性加分吗？

答：当然有！根据各地政策，符合要求的大学生村（社区）干部、退役大学生士兵、"三支一扶""西部计划志愿者"及"特岗教师"等基层项目人员均可享受政策性加分。

要注意，报考定向招聘岗位的考生，不再享受政策性加分；已按规定享受过政策性加分、定向招聘、考核招聘等优惠政策，考入了国家机关和事业单位的人员再次参加招考的，不再享受加分政策。

符合政策性加分条件的考生，一定要在规定期限内提供相关证明材料，如材料不齐或逾期未提交材料的，招考主管部门将不予受理。

2.什么是开考的比例？

答：笔试开考的比例是指报考确认人数与职位招考计划人数的比例，在事业单位考试中，有些地区会设置相应的笔试开考比例，其目的是避免招考过程中的资源浪费。如部分地区或单位设置报名人数与岗位招聘人数之比为3∶1。但这并不是固定的，对于报名人数少的个别岗位或紧缺高层次人才，通常会放宽至2∶1甚至1∶1。

如果报考人数达不到开考比例的，招考主管部门按相关规定可取消该岗位考试，也可申请放宽该岗位条件要求，顺延信息发布时间、报名时间，或相应减少该岗位拟招聘人数后开考。

3.准备工作做了很久，总是担心自己考不上，考前紧张焦虑怎么办？

答：缓解紧张情绪，你可以这么做：①考前情绪紧张是正常的，但我们不要过分关注这种情绪，可以做一些自己感兴趣的其他事情来转移注意力。②积极的心理暗示可以增强自信，你可以多关注自己的优势和特长，为自己加油打气！③适当地"吐槽"是一件有益身心健康的事情，和朋友家人多倾诉可以有效宣泄不良情绪，也可以得到他人的安慰和支持！④良好的睡眠可以让我们元气满满，考前可以适当降低学习强度，调整作息，养精蓄锐，以最好的状态上"战场"！⑤在考场上，深呼吸、看看窗外的景色、进行积极的自我暗示等，都能够快速缓解紧张的心情。

第四节　面试的常见问题

1. 面试开考的比例是多少？

答：通常，同一招聘岗位实际参加面试的人数应按一定比例差额进入面试，达不到所要求比例的，招考主管部门会相应调减或取消该岗位招聘人数，或按实际人数全部进入现场资格复审。

2. 进入面试后应该准备些什么？

答：面试前首先要进行资格审查，本人须携带准考证、居民身份证、学历证明、各类资格证书及其他证明材料的原件和复印件，前往招考主管部门指定地点，现场进行资格审查，审查通过后即可领取面试通知书。

原件校验不合格或逾期未参加面试原件校验的，不能进入面试，由此产生的空额由招聘单位按照笔试成绩从高分到低分依次等额递补。

3. 证明材料哪里找？

答：①机关事业单位在编在职者，须提供本人人事管理权限的部门、单位同意应聘的书面材料；②应届毕业生，须提供学校出具的现实表现证明材料或就业推荐表，学校主管毕业生就业工作部门开具的就读院系及专业等情况的证明材料，其最终是否符合报考岗位的学位、学历和专业资格条件，以本人毕业时取得的有效学历学位证，以及毕业证所载的学历和专业名称为准。

4. 面试结束后，在哪里查成绩？

答：笔试成绩、面试成绩和拟聘人员名单，一般会在同级人民政府人力资源行政部门的门户网站上公布，也可以同时在事业单位或者其主管部门的门户网站上公布。

5. 笔试和面试会设置及格线吗？

答：各地区对此方面的要求不同，有些地区会设置及格线，比如，广东省要求笔试成绩低于60分者不得进入面试，面试成绩低于60分者不能列为体检人选，考试综合成绩低于60分不予录取（以满分100分为例）。

第五节　体检的常见问题

1. 进入体检的比例是多少？

答：通常，招考单位会从考试综合成绩合格的考生中，依综合成绩从高到低的顺序，按每个岗位计划招聘人数1∶1的比例确定参加体检人员名单。若出现总成绩相同的，不能按招聘职位确定体检对象的，先按岗位要求优先条件排名；如条件仍相同，则按面试成绩由高到低顺序确定。

2. 体检的标准是什么？

答：事业单位招考体检通常由招考主管部门和招聘单位通知并组织。体检办法一般根据当地的相关规定进行，比如广东省事业单位公招体检按照《广东省事业单位公开招聘人员体检实施细则（试行）》执行，其中体检所需费用由事业单位或其主管部门在年度经费预算中支出；哈尔滨某事业单位公招的体检内容及标准则参照《公务员录用体检通用标准（试行）》等有关规定执行，其中体检费用由考生承担。

因此考生在报考前，应提前了解当地的事业单位公招体检办法。而且，有些特殊岗位对身体条件要求会有所不同，也需要提前了解岗位对身体健康的要求。

3. 情绪、体检时间、饮食、运动、生理、药物使用情况等均可影响到体检结果的准确性。那么，如何排除这些影响，顺利通过体检？

答：①体检前一段时间应注意休息以及饮食清淡，尽量避免接触烟酒，咨询所服药物对体检结果的影响；②备好体检表所需资料，保证体检当天不慌乱；③按要求在受检前禁食8~12小时，并避免剧烈运动；④体检过程中穿着宽松衣物，不戴首饰，避免情绪波动及精神紧张；⑤配合医生认真检查所有项目，确保不漏检。

4. 第一次体检不合格怎么办？

答：不要紧张，考生初次体检不合格或对体检项目结果有疑问的，可在接到体检结果通知起规定时间内申请复检。在体检过程中，如出现异常指标，应第一时间与医生沟通，分析检查结果，及时采取措施调整生活方式和心态，并积极寻求专业医疗建议和支持。

但复检只进行一次。复检人员的体检结果以复检结果为准，因此要把握此次机会！

5. 排在我前面的考生复核体检没有通过，我可以递补录取吗？

答：可以！因进入体检人员未按要求参加体检或体检不合格出现的空额，应按照该招聘岗位已参加面试人员总成绩从高分到低分依次等额递补。

第六节　考察的常见问题

1. 招聘考察包含哪些内容？

答：体检合格者进入考察环节，考察内容包括考察对象的政治思想、学习和工作表现、遵纪守法情况等。

2. 考察合格后还要多久才能确定录取？

答：考察合格者由招聘单位和招考主管部门确定为拟聘人员，分别在招考主管部门官方网站、招聘单位网站等平台进行公示。公示内容包括招聘单位和招聘岗位、拟聘用人员姓名、学历学位、毕业院校、专业、考试成绩、岗位排名、体检考察结论等多项内容。公示期根据当地的相关规定执行。

3. 公示期间如接到举报，会影响录取吗？

答：会！在公示期间被反映有问题并查证属实、不符合应聘资格条件的，招考单位将取消拟聘人员的拟聘资格；对反映有严重问题，但一时难以查实的，暂缓聘用，待查实后再决定是否聘用。

开启人生新篇章！

祝所有考生发挥出色，上岸"事业编"！

网才股份 成立于1995年，中国人力资源评价领域的领军力量

网才科技（广州）集团股份有限公司（简称"网才股份"）是广州人才集团控股的高端人才科技服务企业，由原广州市南方人才资源评价中心有限公司更名而来，是国务院国资委科改示范企业，下辖17家成员公司。主要基于数字化技术为各地政府机关、企事业单位提供全链条高端人才服务，包括考试评价、数智档案、人才数智化、人才大数据、人才猎头、人才智库等。

30年 专注人才行业	9500+家 服务单位	2亿+ 服务人次	21% 年增速

◎ 技术变革

网才股份以"关键产品研发平台+信息化服务运营平台"双平台保障研发创新优势，是目前国内人力资源服务行业知识产权保有量最多的企业之一。

以科研创新赋能行业 技术变革领先全国

超20项 发明专利	超400项 软件著作权	1000余项 知识产权	100余篇 核心期刊发表文章
超10% 研发投入	200余项 荣誉资质	超45% 研发人员占比	超5000万 累计研发投入

◎ 核心业务

考试评价

网才股份依托全国事业单位招聘网与八大AI智能平台，配套高素质的人员配置、高水平的服务能力、高质量的精品题库，为各类型考试提供涵盖"公告发布、系统报名、命题组卷、试卷印刷、押运试卷、考务组织、阅卷核分"的全流程解决方案。

全国事业单位招聘网

集"招聘信息发布网站、公开招聘系统、事招雷达新媒体矩阵"于一体的一站式网上报考服务平台，可实现招考职位设置、考生网上报名、资料自动审核、后台考务管理、数据查询统计等招聘各环节的网上申报、网上审核、网上服务。累计服务招聘单位超过25000家、服务考生超1000万，系统累计使用人次超5800万。

扫码下载
事招雷达App

查看公告
筛选岗位
直达报名入口

"智试云""智考云"在线考试平台

具备分散式/集中式笔试、面试、人才评分等全场景服务能力，可支持VR、MR等新型试题表现形式。

"智测云"AI人才测评平台

包括54个测评模块，涵盖性格测评、能力测评等产品，可对个人的人格特质、情绪特征、发展前景及工作能力等做出综合、全面、客观的评价，为企业人才决策提供专业性指导。

"智愿云"AI高考志愿助手

由薪酬大数据牵引的AI高考志愿助手，结合自研测评工具，为考生提供志愿填报与职业规划建议，能够根据个人成绩、个人职业倾向、院校历史录取等情况，提供个性化志愿填报建议。

"智阅云"AI阅卷平台

支持客观题与主观题手写体阅卷，实现阅卷管理、评分管理、监考管理、分析报告等关键功能。

八大AI 智能平台

"智培云"企事业单位培训SaaS平台

提供一站式培训解决方案，拥有海量课程，可以提供专业技能、业务素质、创新能力等培训，支持私有化定制。累计为合作客户培养100多万优秀人才，服务事业单位及公务员1000多万人次，完成5000万学时。

AI命审题平台

集试题命制、区域查重、要素筛选、智能组卷、智能排版、格式纠错、难度控制、输出试题、试卷等值等功能于一体。

考试题库平台

超20年考试数据，题库题量超500万，超160名专职命题专家，涵盖205个专业及965个细分学科，每年自主命题超3万套，打造全自研考试大模型。

"智薪云"让薪酬管理更智能、更便捷

国内领先的市场薪酬数据查询平台，致力于帮助企业和求职者实时掌握市场薪酬动态。数据量超318万，覆盖广东地区9个城市、17个行业、368个职位。